Permaculture

Andrew Mikolajski

Photographies de Peter Anderson & Howard Rice

marabout

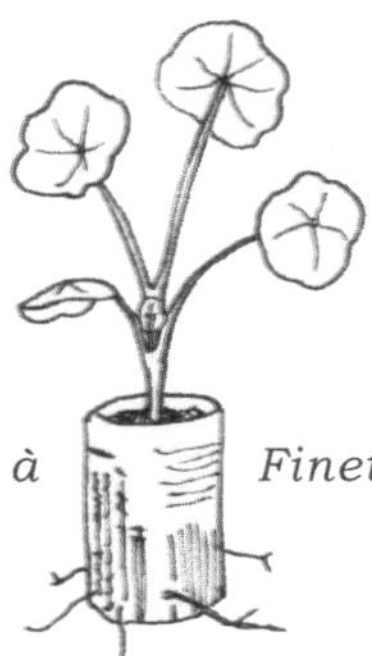

à Finetta

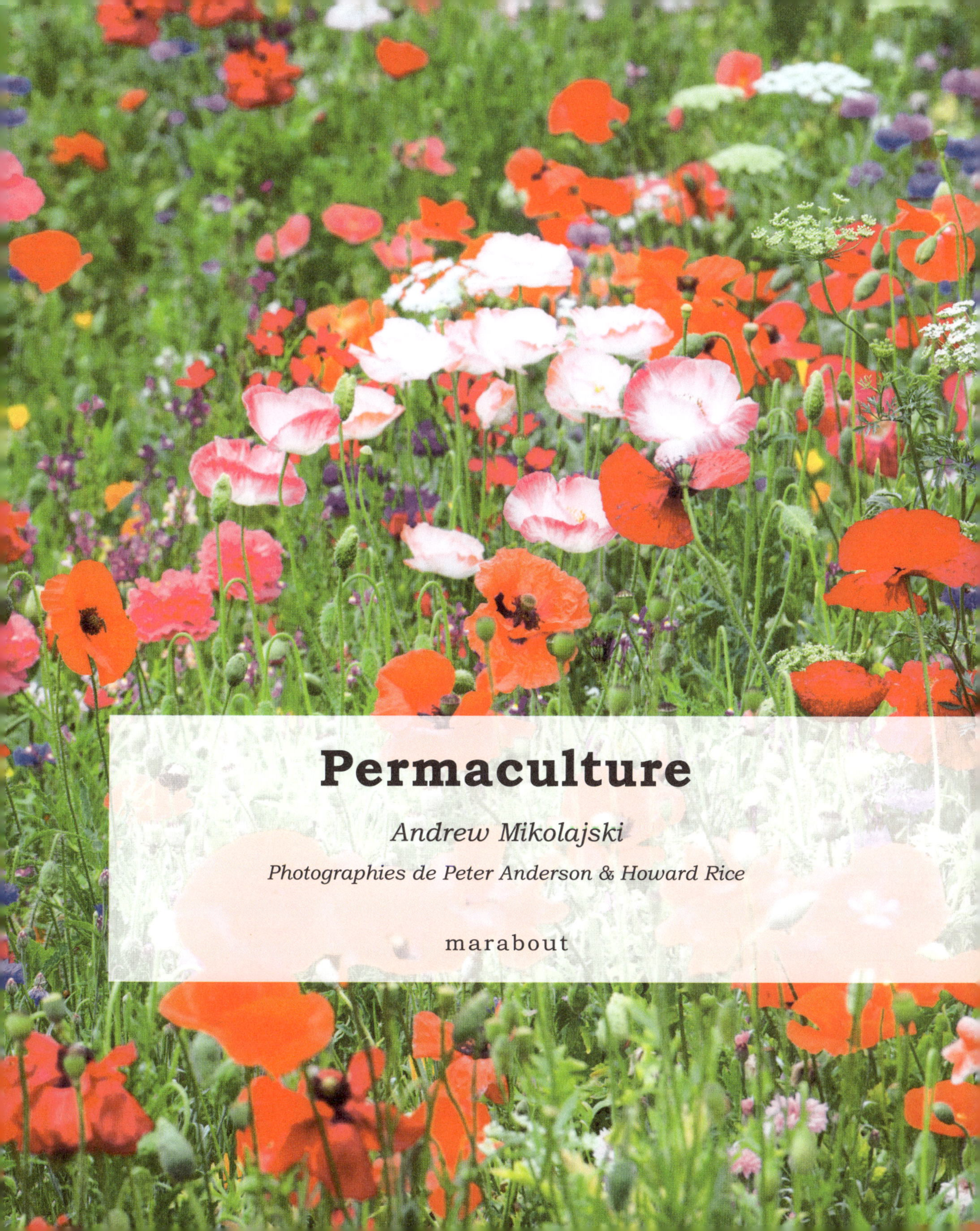

Permaculture

Andrew Mikolajski

Photographies de Peter Anderson & Howard Rice

marabout

Sommaire

Qu'est-ce que la permaculture ?

C'est une méthode globale visant à reproduire les aspects et les traits des écosystèmes naturels. Le terme, contraction de « permanent » et de « culture », a été créé par David Holmgren et Bill Mollison, dans les années 1970. La permaculture insiste sur la protection et le renouvellement de l'environnement, la réduction des déchets et l'exploitation maximale des ressources disponibles.

La permaculture propose une forme durable d'agriculture, éloignée des méthodes intensives modernes qui reposent sur les combustibles fossiles et le contrôle agressif des parasites car, si elles permettent d'obtenir des produits à faible coût, elles ont un impact grave sur l'environnement.

Adaptée au jardin, la permaculture diffère profondément des pratiques établies. Elle met l'accent sur la fertilisation du sol et l'obtention d'une abondance à long terme, créant et entretenant un environnement durable. Il s'agit d'une méthode de vie responsable, alliant une bonne gestion des ressources à la réduction et au recyclage – lorsqu'il est possible – des déchets.

Cette approche plus globale met davantage l'accent sur l'impact futur et sur l'environnement que sur les besoins immédiats – même si elle y répond.

L'histoire de la permaculture

Au milieu du XXe siècle, alors que l'industrialisation ouvrait la voie à des technologies nouvelles, certains se sont inquiétés de la destruction du paysage naturel, liée aux pratiques agricoles intensives.

Le premier ouvrage important, du géographe américain Joseph Russell Smith (1874-1966), *Tree Crops : A Permanente Agriculture* (1929), propose un mode plus durable de production agricole. Toyohiko Kagawa (1888-1960), syndicaliste et pacifiste japonais, milite pour l'exploitation des arbres (agroforesterie), dans les années 1930. Inspiré par Smith, il convainc des agriculteurs que la plantation d'arbres permet de réduire l'érosion du sol. En Australie, P. A. Yeomans (1905-1984) se penche sur la gestion de la terre et, surtout, de l'eau. En Norvège, Arne Naess (1912-2009), philosophe et alpiniste, crée le concept d'« écologie profonde », pour la reconnaissance de notre nécessaire connexion à la planète. L'environnementaliste anglais James Lovelock (né en 1919) développe l'hypothèse Gaïa : la Terre est un superorganisme (Gaïa), avec les mêmes mécanismes d'autorégulation et d'autosuffisance que les autres organismes.

Les années 1960 : Mollison et Holmgren

Ces idées sont restructurées dans les années 1960 par Bill Mollison (1928-2016), considéré souvent comme le père de la permaculture. Étudiant les nouvelles pratiques agricoles en Tasmanie, il propose des méthodes plus durables, basées sur les processus naturels. Il comprend que l'agriculture toujours plus industrialisée, dépendante de ressources non renouvelables, empoisonne la terre et l'eau, diminuant la biodiversité et la fertilité du sol.

Alors enseignant à l'université de Tasmanie, il collabore avec un étudiant, David Holmgren (né en 1955). Dans les années 1970, tous deux établissent les bases de la permaculture – sur fond de guerre froide et de prolifération des armes nucléaires –, cherchant à établir des ponts entre nature et civilisation, tradition et modernité (d'autant qu'il y a alors en Tasmanie un projet politique de construction de barrages). Le mouvement écologique prend de l'ampleur et la crise pétrolière de 1973, avec la hausse des prix du brut, lui donne une impulsion.

Centres de permaculture

En 1976, Mollison et Holmgren publient dans *Tasmania's Organic Farmer and Gardener* un article intitulé « Un système de permaculture pour les conditions de l'Australie méridionale ». Max Lindegger s'en inspire pour créer le premier écovillage de permaculture à Crystal Waters, dans le Queensland. En 1978, Mollison et Holmgren sortent le premier ouvrage de permaculture : *Perma-culture. Une agriculture pérenne pour l'autosuffisance et les exploitations de toutes tailles.*

À Maryborough, dans le Queensland, on crée des coopératives d'emploi en direction des jeunes chômeurs, en utilisant des technologies alternatives. À côté des pôles de Tasmanie, Maryborough devient un centre du mouvement de la permaculture, avec des conférences et des cours pratiques permanents.

Mollison connaît alors une audience grandissante sur toute la planète et voyage partout pour diffuser ses idées. Actuellement, il existe des groupements de permaculture dans le monde entier.

La permaculture, en théorie et en pratique

La permaculture est une méthode de gestion de la terre qui imite les processus naturels pour aboutir à de hauts rendements. Cette approche est basée sur l'observation – l'étude de la nature doit guider la manière dont on fait son jardin.

Imiter la nature

Dans la nature, un paysage peut être stable, mais il n'est jamais statique. Divers types de plantes se développent plus ou moins vite et, après un phénomène météorologique qui modifie l'environnement, certaines périssent et d'autres survivent. Celles-ci poussent, grandissent et font de l'ombre, parfois en puisant beaucoup dans les nutriments du sol. D'autres plantes, adaptées aux modifications, prennent alors souvent la place de celles qui ont disparu.

Les processus naturels sont interdépendants et régénératifs. Les plantes poussent et meurent, et fertilisent le sol qui nourrit alors une nouvelle génération. Dans vos projets, recherchez la diversité, non seulement végétale, mais aussi dans l'organisation du jardin.

Commencez petit

Sur une petite échelle, les choses sont faciles à mettre en œuvre et les erreurs sont sans grande conséquence. Même si votre jardin est grand, commencez par une production sur une petite surface. Laissez le reste en friche et étudiez son évolution et la faune qui s'y installe. Vous trouverez ainsi le bon moyen pour gérer au mieux tout le jardin.

Fonctions multiples

Idéalement, dans un jardin, toutes les plantes et les structures doivent remplir plusieurs fonctions. Ainsi, une haie, plantée pour protéger l'intimité, peut abriter toute une faune. Par la suite, vous pourrez la développer en forêt nourricière.

Résilience

Un projet de permaculture solide tient compte de la manière dont il peut fonctionner si l'un de ses éléments vient à faire défaut. Si l'eau manque, pourrez-vous quand même satisfaire les besoins des plantes ? Si le froid tue des végétaux, pourrez-vous les remplacer ? Et si vous-même ne pouvez plus travailler, le jardin survivra-t-il ? Celui-ci ne doit pas seulement fournir de la nourriture, mais aussi des activités permettant de s'épanouir et d'évacuer le stress.

Boucler les boucles

Dans la société consumériste, on jette beaucoup. En permaculture, on essaie de réduire les déchets et de réutiliser ce qui peut l'être. Utilisez toutes les ressources possibles. Compostez ce que vous pouvez et essayez de recycler le reste. Il s'agit non seulement de moins jeter, mais aussi de moins investir dans du nouveau matériel.

Projets communautaires

Sur Internet, vous trouverez sans doute des projets de permaculture dans votre région. Ils sont souvent menés collectivement ou dans le cadre de programmes éducatifs – intégrant parfois les sans-abri, les défavorisés, les chômeurs et les demandeurs d'asile – pour donner de l'activité et des produits frais à tout le groupe. Beaucoup organisent des journées portes ouvertes. Les produits sont parfois vendus, et les bénéfices réinvestis dans le projet.

Cours de permaculture

Il en existe beaucoup, organisés par des personnes qualifiées, notamment sur Internet, ou des stages permanents ou à temps partiel. Les diplômés peuvent monter ensuite des projets de permaculture, ou travailler avec des écoles.

L'éthique de la permaculture

Contrairement à d'autres conceptions, la permaculture a de solides principes éthiques. Elle se préoccupe non seulement de l'environnement, mais aussi des personnes, en suivant la logique des systèmes naturels.

La chaîne alimentaire

Le modèle traditionnel de la chaîne alimentaire privilégie certains prédateurs et considère que certaines formes de vie sont supérieures aux autres, les inférieures servant seulement à satisfaire leurs besoins. *Homo sapiens* est placé au sommet, comme l'être le plus évolué.

- Les organismes du sol et les invertébrés nourrissent les plantes.
- Les plantes poussent et nourrissent toute une gamme d'organismes.
- Ces organismes en nourrissent d'autres, plus forts, situés plus haut dans la chaîne.
- Les animaux sont des prédateurs, en haut de la chaîne, et sont capables de profiter des formes plus basses.

La primauté affirmée de l'espèce humaine a abouti à une société consumériste : les ressources naturelles – dont le travail manuel à bas prix – ont été exploitées presque jusqu'à épuisement. Le recours massif aux combustibles fossiles a généré l'augmentation des gaz à effet de serre qui a contribué au réchauffement global.

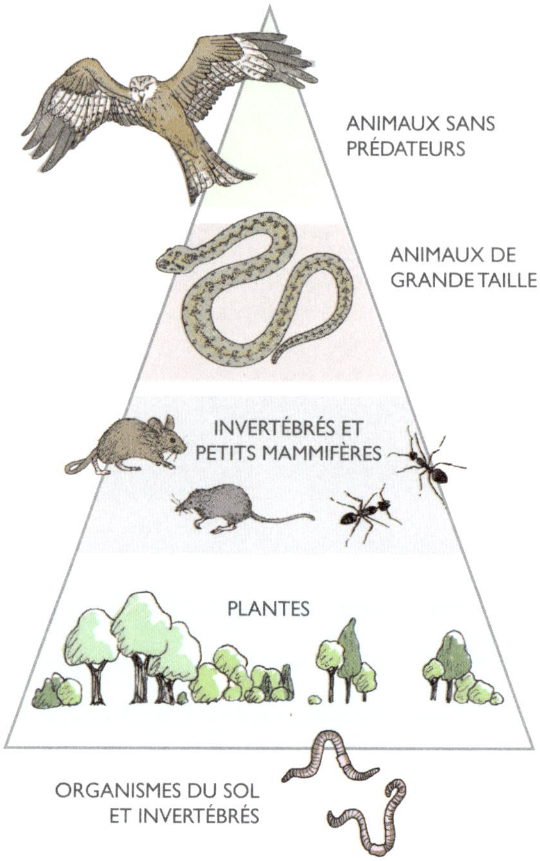

Modèle traditionnel de la chaîne alimentaire

L'approche de la permaculture

Une approche plus holistique considère que toutes les formes de vie ont une valeur égale et qu'elles sont interdépendantes. L'élimination de l'une d'entre elles a obligatoirement un impact sur les autres. Un système ne peut prospérer que dans la diversité et il faut considérer que chacun a droit à une vie heureuse et productive, dans un environnement confortable et sain. Une gestion collaborative et coopérative de la terre, où la charge de travail et les récoltes sont équitablement partagées et les ressources constamment renouvelées, est seule durable à long terme.

La permaculture protège les écosystèmes et cherche à régénérer les paysages dégradés, manquant de biodiversité, de complexité structurelle et de résilience face aux perturbations – et qui comptent souvent des champs cultivés intensivement, des sols érodés, pollués ou détrempés.

Ressources renouvelables

La permaculture préconise que l'on exploite uniquement les ressources renouvelables. De même que vous vous efforcez de réduire les déchets, préoccupez-vous de la fertilité pour les besoins futurs – non seulement les vôtres, mais aussi celles des générations de l'avenir. La permaculture est à l'opposé du consumérisme qui se contente de satisfaire les besoins immédiats (ou perçus comme tels), sans trop se préoccuper des conséquences.

Au jardin, la permaculture rompt avec beaucoup de pratiques traditionnelles.

- COMBUSTIBLES FOSSILES
  Les machines à moteur thermique sont déconseillées. L'électricité est potentiellement plus propre et plus durable – mais cela dépend de la manière dont elle est produite.

- SUBSTANCES CHIMIQUES
  Dans l'agriculture et l'horticulture commerciales, les plantes sont boostées par l'usage de substances chimiques. Elles sont ainsi plus sensibles aux maladies, traitées par d'autres produits de synthèse qui polluent les sols et l'atmosphère.

- PESTICIDES ET AUTRES POISONS
  De nombreuses formes de vie dépendent des plantes, leur seule source de nourriture, et les poisons utilisés pour les contrôler pénètrent la chaîne alimentaire. La permaculture intègre les « parasites » dans sa gestion, ou les dissuade par des moyens naturels.

En haut : nombre de jardiniers ont recours aux machines à moteur thermique – alors que la permaculture préfère d'autres moyens de travailler le sol.

En bas : en refusant d'utiliser des pesticides, on crée un environnement où les insectes pollinisateurs prospèrent.

Un système de permaculture

Dans un jardin en permaculture, les méthodes sont en général considérées dans le cadre d'un système pleinement fonctionnel et efficient, dans lequel les éléments interagissent et se confortent mutuellement, pour donner des résultats positifs. Le système englobe tous les aspects de la vie, la maison, la campagne ou la ville alentour, le climat, les saisons – et les ressources en eau et en énergie. Il faut y ajouter la force physique – la vôtre – plus la force intellectuelle pour la planification et la conception.

Les ressources disponibles changent avec le temps, parfois temporairement, par exemple si l'arrosage est interdit pendant une période de sécheresse, ou en permanence si un terrain à proximité est transformé en route ou en quartier résidentiel, ce qui réduit la biodiversité (et augmente la pollution). Votre système doit s'y adapter, et il faut donc le faire constamment évoluer. Il doit être assez souple pour changer, mais assez solide pour résister aux pressions extérieures.

Facteurs limitatifs

La permaculture propose d'analyser tous les facteurs qui limitent le bon fonctionnement global du système. Si vos premières récoltes sont décevantes et que vous savez que c'est dû à un manque de fertilité, ils seront faciles à cerner. Si la cause en est l'ombre jetée par un immeuble voisin – que vous ne pouvez pas démolir –, il faudra cultiver ailleurs ou changer le type de plantes cultivées.

Une approche holistique

Il convient de s'interroger sur les conséquences d'une décision sur l'ensemble du jardin. En choisissant les plantes que vous souhaitez cultiver, réfléchissez à l'impact qu'elles auront – les aspects positifs et négatifs. Ainsi, un pommier, tout en produisant des pommes en automne, abrite une faune sauvage sur ses branches. Et en grandissant, il donne de l'ombre qui peut gêner les plantes dans son voisinage.

Évolution et devenir

Un système qui fonctionne peut donner des résultats inattendus, bons ou mauvais. Si vous décidez d'élever des poules, vous pourrez offrir des œufs en échange d'une aide au jardin – où la période la plus active coïncide en général avec le plus haut niveau de ponte, qui vous donne théoriquement des œufs en excès. Côté négatif, il se peut que la présence des poules attire les ravages de renards et que leurs caquètements dérangent les voisins. En vous efforçant de prévoir toutes les éventuelles conséquences d'une décision, vous pouvez vous arrêter à celles pour lesquelles le positif l'emporte.

Une fois établi dans un jardin, le système se maintient largement par lui-même. Une certaine charge de travail peut être nécessaire pour certaines initiatives, pour creuser une mare ou créer des planches surélevées, mais elle décroît au fil du temps. Si ce n'est pas le cas, vous saurez qu'il faut amender le système. En effet, le système adapté est celui qui allège la charge de travail et devient plus facile à gérer avec le temps, tout en apportant un bénéfice maximal – le plus important étant de vous ménager le loisir de profiter du jardin et de vous relaxer.

Le principe du zonage

Il est fondamental en permaculture et peut être appliqué à des jardins de toutes tailles. L'identification des zones vous aide à organiser le site. Comme le montre le schéma ci-dessous, ces zones se chevauchent et se mêlent, parfois sans limitation nette. Partez de la maison, là où vous passez le plus de temps de loisirs. C'est la zone zéro, et les autres s'organisent autour d'elle.

Note :
Dans un petit jardin urbain, si vous n'avez pas assez de place pour un grand arbre fruitier, vous pouvez vous contenter des zones 1 à 3. Ce qui se trouve à l'extérieur du jardin peut faire office de zones 4 et 5.

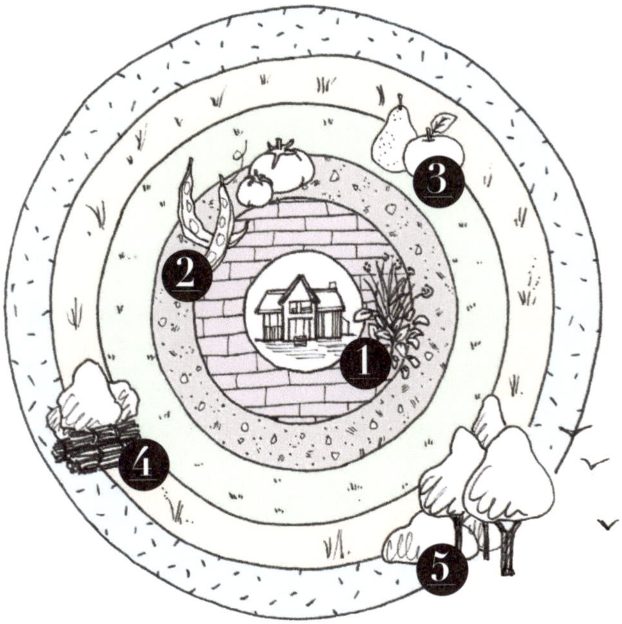

Zone 1 Ce sont les abords immédiats de la maison et elle inclut tous les éléments auxquels vous avez besoin d'avoir facilement accès. La partie sur laquelle ouvre la porte de derrière est très piétinée et c'est pourquoi elle est en général dallée ou pavée – une pelouse ne supporterait pas un tel traitement. Cette zone peut inclure des cultures que vous utilisez quotidiennement (plantes aromatiques et salades), ou qui demandent beaucoup de soins, notamment des arrosages et des apports de compost.

Zone 2 C'est celle des plantes potagères que vous récoltez moins fréquemment, ou peut-être à des saisons bien spécifiques de l'année.

Zone 3 Elle est dédiée à des plantations à plus long terme, qui ne donnent qu'une seule récolte par an – par exemple des arbres fruitiers (fruits à coque…).

Zone 4 Elle est consacrée aux plantes utilitaires, qui donnent du bois pour le chauffage et la menuiserie, avec des arbres rabattus en cépées et en têtards, et des bambous, des haies refuges et des pièges à soleil. Elle abrite une faune sauvage diversifiée, les animaux y trouvant de quoi se nourrir.

Zone 5 La faune sauvage y trouve aussi de quoi s'alimenter, mais cette zone doit être conçue comme une partie sauvage, non cultivée, paisible, où l'on s'évade des pressions de la vie moderne.

Organisation du temps

C'est un aspect important de la permaculture. Lors de la planification du système, chiffrez le temps qu'il vous faudra pour parcourir les différentes parties du jardin afin de semer, d'arroser et de récolter.

Les règles de la permaculture

La permaculture n'a rien de coercitif. Il y a toujours de multiples solutions aux problèmes posés par tel ou tel terrain. Dans cet ouvrage, ces principes sont proposés sous la forme de règles simples que l'on peut appliquer à n'importe quel type de jardin, quelle que soit sa dimension et qu'il se trouve en ville, en banlieue ou à la campagne. En les appliquant, vous réussirez un jardin où vous aurez plaisir à la fois à travailler et à vous relaxer.

Règle n° 1
Apprenez de la nature

La nature est dynamique. Les plantes germent, poussent, grainent et meurent, suivant leur rythme. Chaque année, elles s'adaptent aux aléas climatiques. Avec le temps, elles se fortifient et deviennent plus productives ou meurent, et leurs restes fournissent des nutriments à de nouvelles générations végétales. Avec les champignons et la vie microbienne, elles influent sur l'environnement et forment un écosystème durable.

Règle n° 2
Organisez le jardin selon les zones et les microclimats

La permaculture offre une approche radicale de la conception, ou du « design », du jardin. Vous faites vos choix en fonction de la manière dont vous souhaitez occuper l'espace et l'organiser pour obtenir les plus belles récoltes – tout en utilisant au mieux votre temps et les autres ressources.

Règle n° 3
Cessez de labourer : mieux vaut soigner le sol

Les jardiniers traditionnels dépensent beaucoup d'énergie à labourer. Or ce n'est pas nécessaire et c'est même contre-productif. Le sol est un milieu foisonnant de vie, avec des micro-organismes comme des bactéries, des champignons et beaucoup d'autres. C'est pourquoi il ne faut pas le bouleverser. Nourrissez le sol, pas les plantes.

Règle n° 4
Soyez économe en eau

L'eau est essentielle à la vie – elle est aussi précieuse que la terre, ou l'air que nous respirons. Dans la nature, elle a un caractère imprévisible, car les pluies ne sont pas garanties et les rivières et les ruisseaux peuvent s'assécher ou changer de cours. Gérez les apports avec soin, en identifiant le moment et le lieu où ils sont le plus nécessaires.

Règle n° 5
Cessez de gaspiller : réutilisez et recyclez

Nous croulons sous les déchets. Alors que la famine sévit dans certaines parties du monde, le gaspillage de la nourriture est massif dans d'autres. Les ressources sont dilapidées pour fabriquer des emballages, notamment pour les aliments ou les produits d'entretien. Il est facile de réduire ses déchets – en compostant les matières organiques et en recyclant au jardin beaucoup d'éléments non biodégradables.

Règle n° 6
Pensez aux haies et aux couches

La nature, quand elle est intacte, est très diverse. Les grands arbres coexistent avec de plus petits, qui forment des couches plus basses, eux-mêmes servant de support aux grimpantes. Là où un écosystème en rencontre un autre – sur le bord de la mer ou à la lisière d'une forêt –, on trouve la gamme la plus vaste de flore et de faune. La permaculture cherche à reproduire cette diversité, dans un espace limité.

Règle n° 7
Créez des abris efficaces

Il est possible d'améliorer la productivité d'une zone donnée en créant des abris de divers types. Les écrans permettent de cultiver une gamme plus large de plantes. Les haies accroissent la biodiversité du site. Ces deux formes de protection peuvent filtrer le vent et soit donner de l'ombre, soit réfléchir la lumière, pour influer positivement sur l'environnement immédiat.

Règle n° 8
Accueillez la faune sauvage

Une large diversité végétale et un sol fertile constituent un environnement idéal pour une faune sauvage nombreuse et variée. Cessez de craindre les parasites et les maladies et dites-vous qu'un environnement diversifié constitue un écosystème durable, dans lequel toutes les formes de vie s'équilibrent.

Règle n° 9
Améliorez la productivité par des cultures intensives

La permaculture est un système intensif, mais non de la manière dont l'entend l'agriculture commerciale traditionnelle. Il s'agit de cultiver des plantes saines, donnant des récoltes abondantes, au moyen d'une gestion adéquate de toutes les ressources dont on dispose.

I. La permaculture en théorie : planification du jardin

Règle n° 1 – Apprenez de la nature

Règle n° 2 – Organisez le jardin selon les zones et les microclimats

L’évolution des écosystèmes

L’observation de l’environnement naturel est très utile pour mener à bien un projet de permaculture. Un jardin créé selon les principes de cette conception devient un écosystème en tant que tel et évolue vers sa maturité.

Des orchidées terrestres rares apparaissent parfois à la suite de terrassements effectués pour la construction de routes. En effet, l’exposition des graines à la lumière leur permet de sortir de leur dormance et de germer.

En automne, de petits mammifères stockent les noix comme provisions hivernales. S’ils les enterrent et les abandonnent dans un sol adéquat, elles peuvent germer au printemps suivant.

Dans la nature, les choses évoluent rarement de manière linéaire. Une nouvelle communauté écologique s'établit d'ordinaire par étapes, en général comme suit.

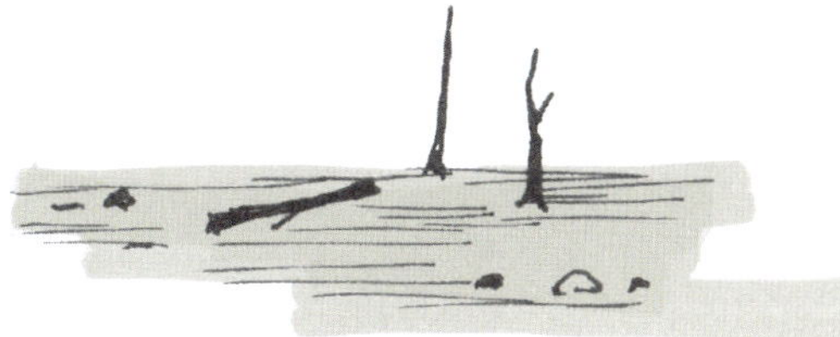

PERTURBATION

SUCCESSION PRIMAIRE

SUCCESSION SECONDAIRE

SUCCESSION TARDIVE

Perturbation

Changement soudain de l'environnement. Il peut être dû à un événement naturel (éruption volcanique, séisme, feu de forêt), à un phénomène climatique grave (inondation, violente tempête), ou encore aux activités humaines comme le défrichage, lié à la croissance urbaine, ou – cas plus dramatique – une guerre. Et lorsque le sol est dévasté, une nouvelle végétation se l'approprie par stades successifs.

Succession primaire

Après une perturbation, les espèces pionnières apparaissent en général les premières, avec une rapidité souvent surprenante. À croissance rapide, elles forment des tapis et se multiplient par graines. Dans les jardins, on les appelle souvent « mauvaises herbes » mais, dans la succession, elles remplissent un rôle important en fixant l'azote et en aérant le sol, le rendant plus hospitalier pour les futures espèces.

En terrain découvert et balayé par les vents, cette phase perdure et donne lieu à une prairie.

Succession secondaire

Durant cette phase, les plantes sont en compétition active ; les végétaux ligneux poussent leurs racines profondément dans le sol et leurs parties aériennes ombragent les pionnières. Une végétation mixte, d'arbrisseaux et de forêt, se met en place, certaines plantes ligneuses développant un tronc unique et devenant des arbres, alors que d'autres, comme les arbrisseaux, demeurent compactes et ramifiées dès la base.

Succession tardive

Lorsque les arbres ont atteint leur pleine hauteur, le système se stabilise en forêt mature, avec des arbres décidus ou (surtout en zones tropicales et subtropicales) persistants. Parfois, les conifères dominent. Un tel système est stable mais dynamique – une forêt peut abriter une plus large variété d'organismes que les stades précédents, notamment des mammifères et des oiseaux plus grands.

Le rôle des champignons dans un écosystème

Les champignons (Fungi) sont plus visibles que les autres organismes du sol, à cause de leur fructification, qui apparaît souvent en surface et que l'on appelle couramment « champignon » ou « chapeau ». On les voit dans les prés et ils sont parfois nombreux à la base et sur le tronc des arbres (polypores). Ils croissent sur le bois mort et jouent un rôle important dans un écosystème.

La spécificité des champignons

Ils constituent un règne indépendant des plantes et des animaux. Ils sont plus proches génétiquement des seconds et ils abondent dans le monde entier.

Dans un système écologique, ce sont (avec les bactéries) les principaux décomposeurs. Ils tirent leurs nutriments de la matière organique morte ou en voie de pourriture, et accélèrent sa décomposition jusqu'à la rendre utilisable pour d'autres organismes du sol, lesquels, à leur tour, contribuent à la nutrition des végétaux.

Poussant dans le sol, ils passent en général inaperçus, sauf par leurs fructifications, parfois comestibles (voir *La cueillette des plantes sauvages*, p. 191). Certains ont une valeur économique pour l'alimentation humaine, comme levures pour le pain ou ferments pour les alcools, ou encore dans l'industrie pharmaceutique ou dans celle des pesticides. Quelques-uns sont hallucinogènes et sont utilisés comme drogues récréatives dans certaines sociétés ou lors de rites religieux traditionnels.

La vie des champignons

À la différence des plantes, qui élaborent leur nourriture à partir de la lumière solaire (photosynthèse), les champignons sont des parasites qui peuvent se développer sur les plantes et les animaux aussi bien que sur la matière organique morte et en décomposition. Et contrairement aux plantes, ils peuvent vivre dans l'obscurité. Ils produisent des enzymes qui digèrent les matériaux de la surface sur laquelle ils se développent et absorbent ensuite les nutriments digérés à travers leurs parois cellulaires. Ils sont adaptés à de nombreux types d'environnement, mais préfèrent en général des conditions humides.

Poussée de champignons sur une pelouse.

Polypore sur un tronc d'arbre.

Le rôle des champignons

Ils occupent une place importante dans un écosystème. Avec les lombrics et les bactéries, ils décomposent la matière organique du sol et favorisent la vie végétale.

Ils entrent en relation avec les plantes ligneuses. Quand l'écosystème se développe et que celles-ci grandissent, comme dans une forêt mature, les champignons prennent le pas sur les bactéries et décomposent la lignine complexe.

Dans les jardins en permaculture, les champignons peuvent apparaître dans le verger, dans le jardin-forêt et sur le tas de bois. Ainsi, plus il y a de plantes ligneuses et plus elles sont matures, plus il y a de chances de voir des champignons.

Substrats favorisant le développement des champignons :

- PAILLIS DE COPEAUX DE BOIS ET D'ÉCORCE
  Utile contre les mauvaises herbes et pour réguler l'état du sol.
- RAMES À POIS
  Tiges ramifiées de noisetiers et de bouleau, utilisées pour tuteurer les plantes grimpantes.
- TAS DE RONDINS ET ARBRES MORTS
  Habitats pour la faune, offrant un abri pour l'hivernage des animaux ; ils fournissent des conditions idéales pour le développement de champignons comme *Trametes versicolor* et *Stereum hirsutum*, qui produisent de jolis polypores.

Nourrir les champignons

Si vous créez un écosystème sur un sol ayant été traité aux fongicides, les champignons ne sont pas présents et ont besoin de temps pour revenir et rééquilibrer la balance naturelle. Pour les favoriser, on peut utiliser des inoculants.

Champignons pathogènes

Certains champignons sont responsables de maladies chez les plantes. Mais on les contrôle à condition de créer un écosystème varié et sain, avec une large gamme d'espèces. En outre, il faut éliminer les parties malades sur les plantes (voir *La taille en permaculture*, p. 180) et les brûler.

Maladie du corail (*Nectria cinnabarina*) : elle se traduit par de petites pustules rose corail sur l'écorce, notamment sur les rames à pois, mais rarement sur les plantes cultivées saines.

Armillaires (*Armillaria*) : ils peuvent causer la mort d'arbres et arbustes établis. Déterrez, dessouchez les sujets atteints et brûlez-les. Plantez des espèces résistantes.

Champignons saprophytes : ils se nourrissent sur le bois mort et sont largement bénéfiques.

Champignons mycorhiziens

Ils forment des filaments souterrains, associés aux racines des plantes ligneuses. Certains se développent autour des racines, et d'autres à l'intérieur. Ce mycélium s'étale dans le sol où il forme un réseau qui véhicule l'humidité, et donc les nutriments. Certaines mycorhizes exsudent des substances antibiotiques, qui peuvent protéger les plantes des maladies. Ces champignons contribuent au développement des végétaux et, en échange, ils reçoivent des nutriments sous forme de glucides.

Pour développer ce type de champignons dans le sol, voir *Le rôle des champignons mycorhiziens* (p. 61).

Note :
Les champignons jouent un rôle dans la décomposition du compost de feuilles (voir p. 78).

Les types de jardin

Les règles de la permaculture peuvent présider à des jardins de toutes dimensions, même petits. Un jardin de ville typique peut fournir différentes zones adaptées à des destinations beaucoup plus diverses qu'il n'y paraît initialement. Mais s'il permet de produire des aliments, un jardin est d'abord un lieu de loisir et de relaxation, et il convient de réserver des surfaces au repos et au jeu.

Traits distinctifs d'un jardin en permaculture

- Les MASSIFS sont densément peuplés d'une grande diversité de plantes à fleurs et potagères.
- Une PETITE SERRE, adossée au mur de la maison, est un excellent abri pour les semis et pour la culture d'espèces peu rustiques. S'il y a de l'espace, un jardin d'hiver constitue une agréable pièce à vivre.
- Les GOUTTIÈRES, là où c'est possible, sont raccordées à des récupérateurs, pour la collecte de l'eau de pluie.
- Les ALLÉES sont étroites, pour laisser de la place aux plantes.
- Des ÉCRANS abritent les cultures des vents.
- La CLÔTURE constitue un support pour des plantes grimpantes.
- Des JARDINIÈRES évitent de perdre de l'espace près des murs.
- Un PETIT BASSIN attire la faune aquatique.
- Des COMPOSTEURS recyclent les déchets organiques.
- Le TOIT DE L'ABRI DE JARDIN est planté de plantes à fleurs basses qui attirent les pollinisateurs, et l'intérieur est éclairé grâce à l'énergie d'un panneau solaire.

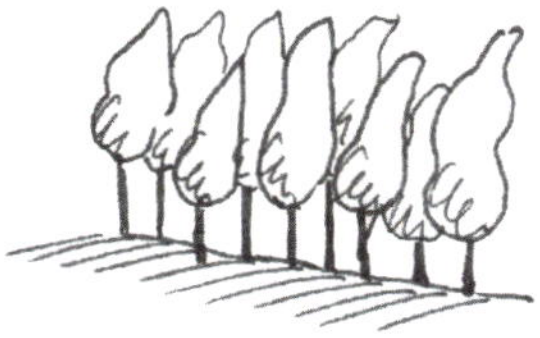

Brise-vent

Petit bassin

Jardinière

Récupérateur d'eau

Grimpantes sur une clôture

Mini-serre

Association de jardinage

Adhérer à une association de jardinage est utile, même quand on n'a pas de jardin. On y trouve en effet des plants et des produits du potager, donnés, vendus ou échangés, et l'on peut parfois y emprunter une tondeuse ou un broyeur. En outre, c'est l'occasion de rencontrer d'autres jardiniers et de glaner des données sur les conditions locales, très utiles si l'on est nouveau dans la région. Beaucoup d'associations organisent des journées de vente et d'échange de végétaux, pour financer leurs activités.

Les associations organisent aussi des achats en commun de terreaux et de fertilisants organiques, ce qui réduit notablement les coûts, notamment en diminuant les frais de transport.

Si les listes d'attente pour des jardins familiaux sont longues, certains détenteurs d'une parcelle peuvent accepter de la partager si vous vous engagez à soigner les plantes quand ils sont absents ou qu'ils n'en ont pas eux-mêmes la possibilité.

Travailler en harmonie avec la nature

Dans un projet de permaculture, il faut tâcher de s'inspirer de la nature, de la succession naturelle des plantes et des autres formes de vie pour créer un système qui reflète l'évolution des écosystèmes naturels. Ces principes peuvent être appliqués à un jardin, quelles que soient sa taille et, théoriquement, sa situation géographique.

Aménager une friche semble une gageure, mais sa végétation donne des indications sur les bonnes méthodes culturales. Ici, les plantes ligneuses se sont établies d'elles-mêmes.

Urbain ou rural

Environnement rural

Si la campagne semble être un refuge pour la faune sauvage, les pratiques de l'agriculture intensive sont souvent aussi destructrices pour l'environnement qu'un site urbanisé. Cependant, on peut encore trouver des haies d'arbres et d'arbustes non taillées et des zones où la flore prospère. Là où la végétation est abondante, le rythme des saisons est en général plus sensible qu'en ville.

Environnement urbain

Dans un site très construit, il peut sembler impossible de reproduire le processus d'évolution constante d'un écosystème naturel. Mais les formes de vie sont opportunistes et adaptables, et elles exploitent même les lieux les plus inhospitaliers. Comme les « mauvaises herbes » et les mousses poussent partout où elles en ont l'occasion, un environnement urbain permet tout de même un développement vert.

Dans bien des villes, les rues résidentielles sont bordées d'arbres ; ils peuvent être grands et dépasser 20 mètres, et ils fournissent alors un abri pour bien des oiseaux et même des chauves-souris. S'il y en a près de chez vous, ils peuvent jouer le rôle d'étage supérieur d'une forêt virtuelle. Même la proximité d'un parc public peut fournir des conditions ressemblant à celles d'une forêt.

Les jardins de ville sont souvent entourés de haies protégeant l'intimité et, s'il s'agit d'épineux, assurant une certaine sécurité. Une haie mixte informelle, avec des espèces à fleurs et à baies, abrite une importante faune sauvage, et une haie taillée peut aussi être un refuge pour beaucoup d'invertébrés et même pour de petits mammifères.

Les haies côté rue sont en outre efficaces pour absorber la pollution urbaine du trafic qui utilise des carburants fossiles.

Par ailleurs, les haies de clôture offrent un abri contre le vent et leur ombre est propice à la culture de plantes ombrophiles. Mais elles forment parfois aussi un clos ensoleillé susceptible d'accueillir de nombreuses espèces.

En ville, la température est légèrement plus élevée que dans les zones rurales environnantes, à cause du chauffage des maisons, des bureaux et du trafic automobile.

Ce jardin rural domine une zone agricole d'élevage d'ovins. Sur le côté, une plantation mixte d'arbres fournit une certaine protection et un abri pour la faune sauvage.

En ville, une haie côté rue ne constitue pas seulement une clôture. Qu'elle soit composée d'espèces à feuillage caduc ou persistant, elle procure un abri à une faune sauvage diversifiée.

L'évolution du jardin en permaculture

Un écosystème passe par des phases successives. Bien des espèces germent et accomplissent leur cycle de vie en l'espace d'une année, et l'on peut donc créer un potager en quelques mois. Et sur le long terme, les arbustes et les arbres prennent de l'ampleur, donnent éventuellement une récolte et ont un impact sur les autres plantes en les abritant et en les ombrageant, mais ils réduisent aussi l'espace disponible.

Au début, un jardin en permaculture est en général propre et net, avec beaucoup de cultures annuelles et des arbustes et arbres fruitiers nouvellement plantés. En fonction de la situation, vous pouvez aussi mettre en place des écrans artificiels comme brise-vent, en attendant que les haies végétales grandissent et prennent la relève. Les sujets qui doivent devenir de grands arbres sont d'ordinaire plantés à l'état de baliveaux et tiennent peu de place. À court et moyen terme, l'espace entre eux peut être utilisé pour des plantes potagères annuelles à croissance rapide.

Évaluation de la quantité d'eau nécessaire

Un nouveau jardin demande en général des arrosages fréquents. En effet, les espèces permanentes ont besoin d'humidité pour s'établir et les plantes potagères annuelles exigent des apports réguliers. Cependant, après un certain temps, ces besoins en eau diminuent. Les arbres établis ont rarement besoin d'être arrosés et, lorsque le sol s'améliore et qu'il est nourri par des apports constants de matières organiques, il n'est plus nécessaire d'irriguer autant ni si souvent.

Les racines du haricot grimpant hébergent des bactéries qui améliorent la fertilité du sol.

Succession au jardin

Succession primaire

Au début, puisque les plantes ligneuses ont besoin de temps pour s'établir, on cultive en général de nombreuses annuelles. Les bactéries prolifèrent dans le sol puisqu'elles sont adaptées à la décomposition des matières non ligneuses ; certaines ont la capacité de fixer l'azote de l'air et de le transformer pour qu'il puisse être utilisé par les plantes. Elles vivent sur les racines de certaines espèces, notamment des légumineuses (ou fabacées) comme le pois, le haricot ou l'arachide.

Succession secondaire

Par la suite, quand les racines des plantes ligneuses s'enfoncent et occupent davantage d'espace, les champignons, qui peuvent décomposer la lignine, jouent un rôle majeur. Ils dominent dans les vergers et les jardins-forêts.

Succession tardive

Un jardin établi reste un environnement dynamique. En fonction des fluctuations du temps et des aléas environnementaux, certaines espèces prennent l'avantage, ce qui se traduit par des disparités annuelles dans les récoltes. Mais, dans l'ensemble, le système prospère et est largement autosuffisant.

Un jardin en permaculture bien établi inclut une large gamme de plantes. Outre les potagères, les fleurs attirent les insectes bénéfiques, des pollinisateurs qui augmentent la diversité de l'écosystème.

Les données de base

Créer un jardin est tout un processus. En permaculture, on s'efforce de privilégier une démarche pratique dans la conception – il s'agit de tirer le maximum du site en prenant soin de son écosystème et de l'environnement au sens large.

D'abord un plan détaillé du jardin

Un plan est toujours un bon point de départ. Une prise de conscience des problèmes et des possibilités présentés par le site et de la meilleure manière de l'adapter aux besoins vous permet de visualiser les différentes options possibles. Pour prendre les bonnes décisions, observez la topographie avec la pente – s'il y a lieu – et les éventuels creux, notez quelles parties sont exposées au vent ou naturellement abritées, ensoleillées ou ombragées, et les zones à sol sec et à sol humide.

Collecte des données

Prenez des photographies et autant de notes que possible. Lorsque les travaux ont commencé, on oublie souvent les conditions initiales et il est donc judicieux de tracer un schéma du jardin tel que vous l'avez trouvé, en notant les éléments qui ne peuvent pas être modifiés, comme la position de la maison et d'autres constructions. Faites un second schéma pour indiquer les éléments que vous souhaitez introduire, par exemple une serre ou un tunnel, un verger, un poulailler et un bassin. Enfin, essayez de lister vos besoins, dans l'immédiat et à long terme.

Examen de votre site

1 Effectuez l'inventaire du site

Listez les aspects négatifs que vous souhaitez modifier, par exemple :

- Clôture en mauvais état
- Arbres jetant une ombre excessive
- Zone de sol nu – sans doute non fertile

2 Analysez votre site

Dressez une liste des éléments que vous souhaitez introduire.

- Serre-tunnel pour les plantes potagères peu rustiques
- Bassin pour la faune aquatique et les canards
- Zone de relaxation ensoleillée
- Composteurs

3 Utilisez une échelle de permanence

Organisez vos listes selon une échelle de permanence, qui classe les données en fonction de la plus ou moins grande facilité à réaliser les changements envisagés.

Commencez la liste par ce qui est impossible ou difficile à modifier, par exemple le climat local et la présence d'éléments existants extérieurs au jardin, comme de grands bâtiments et des arbres. Les modifications faciles à réaliser viennent en fin de liste. Ce classement vous aide à dresser un plan d'action et à rationaliser votre emploi du temps lors de l'aménagement du site.

Évaluation de votre jardin

Les zones du jardin

Ces illustrations indiquent comment appliquer en pratique le principe du zonage (voir p. 13) dans les jardins, grands ou petits.

Un jardin d'une certaine taille, s'il y a un espace suffisant pour l'élevage, peut être virtuellement traité comme une petite ferme, même si l'autosuffisance complète n'est pas envisageable.

ZONE 1

Proche de la maison, sans éléments hauts pour ne pas boucher la vue sur le jardin. Les plantes potagères et les aromates alimentent la cuisine au quotidien.

ZONE 2

Si vous avez un potager, protégez-le convenablement. Le parcours de la volaille doit englober une partie productive du jardin.

ZONE 3

Laissez les arbres fruitiers non taillés. Cultivez autant de variétés que possible pour allonger au maximum la période de récolte.

ZONE 4

Le fond du jardin peut être planté de grands arbres, qui abriteront du vent, offriront des sites de nidification pour les oiseaux et les chauves-souris, vous fourniront du bois de chauffage et de menuiserie et ménageront un coin de fraîcheur pour la relaxation.

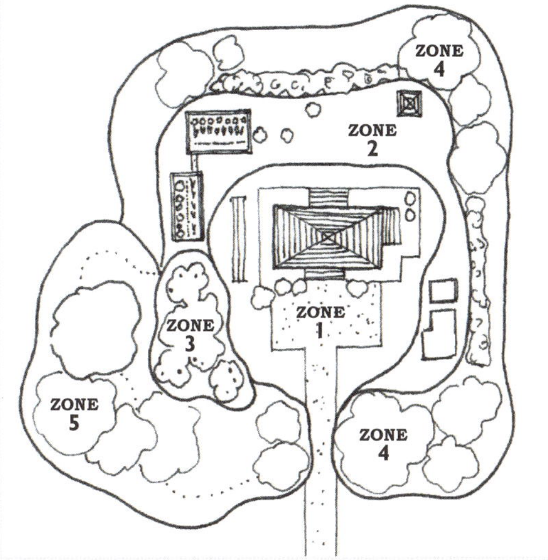

Petits terrains

Le principe du zonage s'applique aussi à un petit terrain. Ici, on a tracé des contours irréguliers, sans oublier l'aspect pratique. Une allée droite mène à la maison, avec la place, devant l'entrée pour que la voiture fasse demi-tour. L'autre allée, à travers le site, est étroite pour laisser un maximum de place aux plantes.

ZONE 5

Si vous avez de la place, élevez du bétail dans un enclos, bien séparé du reste de votre site.

Le climat et le jardin

Le climat se résume aux conditions moyennes de l'atmosphère dans un lieu donné sur un certain nombre d'années, et il ne varie que lentement, contrairement à la météo qui décrit le temps à court terme.

Les différents types de climat

Tempéré

C'est le climat des parties du globe qui compte quatre saisons distinctes, avec une longueur du jour différente en hiver et en été, et des variations de température – toutefois, les extrêmes y sont relativement modérés, comparés à ceux des régions tropicales et polaires. Le **climat méditerranéen** – qui concerne aussi des régions éloignées de la Méditerranée, comme la côte ouest des États-Unis – se caractérise par des hivers pluvieux, rarement neigeux, et des étés chauds et secs.

Tropical

Il concerne la région du globe située entre les tropiques du Cancer et du Capricorne. La température y est généralement élevée, sauf dans les zones de haute altitude. Le **climat subtropical** est celui des régions situées immédiatement à l'extérieur de la précédente, qui ont des conditions tropicales durant une partie de l'année.

Aride

On relève des conditions désertiques aussi bien dans des zones tropicales que tempérées. Les températures peuvent varier et les caractéristiques principales sont la faible pluviométrie et l'évaporation rapide de l'eau. Dans certains déserts, on relève des gelées nocturnes.

Polaire

Il s'applique aux régions arctiques et antarctiques, où le jour est très court en hiver et où la saison de culture des végétaux est extrêmement réduite. La végétation est clairsemée et comprend surtout des graminées, des mousses et des lichens, avec quelques rares arbres et arbustes.

Les conditions maritimes

La proximité de la mer a un impact sur la température. Les régions côtières sont un peu plus chaudes en hiver et un peu plus fraîches en été que l'intérieur des terres. Le vent soufflant de la mer apporte de la fraîcheur en été, tandis que la mer elle-même maintient la température au-dessus de zéro pendant la plus grande partie de l'hiver.

Climat local

Si vous arrivez dans une région, renseignez-vous d'abord auprès du centre météorologique local. Son site Internet donne le détail annuel des précipitations, des températures, de l'humidité et de la vitesse du vent. Il fournit parfois des données sur l'impact du réchauffement climatique sur la zone.

Les périodes de gel sont typiques des climats tempérés.

Variation climatique

Sur une longue période, le climat peut se réchauffer ou se refroidir. Le volume de gaz à effet de serre détermine la quantité d'énergie solaire retenue par la planète. Un changement, même faible, peut avoir des effets sévères sur la biosphère. Certaines formes de vie y réagissent favorablement et prolifèrent, alors que d'autres déclinent.

Le climat et la croissance

Régions tempérées
Au moment de l'équinoxe de printemps, la végétation repart. Les graines germent et les plantes établies produisent de nouvelles pousses et feuilles. Quand la température s'élève, les floraisons interviennent. En été, les espèces fleurissent abondamment et donnent des graines.

L'été, quand il fait chaud et sec, la croissance des plantes ligneuses s'arrête. Les fruits et les graines mûrissent et l'écorce durcit. De nombreux arbres fruitiers forment des bourgeons à fleurs pour le printemps suivant.

L'automne est plus frais et marqué par des vents forts. Les extrémités des plantes herbacées se dessèchent. Beaucoup de végétaux ligneux perdent leurs feuilles, emportées par le vent, avec les graines. Après une gelée, les plantes non rustiques meurent.

En hiver, la croissance s'arrête et les plantes entrent en dormance – en donnant parfois des signes de vie lors des redoux.

Régions tropicales
Dans la zone équatoriale, l'année se divise en saison sèche et saison humide, et la croissance des plantes fluctue, avec des arrêts quand la chaleur est intense. La floraison et la fructification peuvent intervenir toute l'année, parfois simultanément sur la même plante.

Les microclimats du jardin

Les conditions climatiques varient parfois à l'intérieur même d'un petit jardin. La maison, les abris et le garage jettent de l'ombre, mais offrent aussi une protection. La température, la circulation du vent, la luminosité et la disponibilité en eau peuvent également être affectées, ce qui influe sur les plantes que l'on peut cultiver.

Dans les zones fraîches, cultivez pêchers et abricotie contre un mur ensoleillé pour que les fruits mûrisse

Qu'est-ce qu'un microclimat ?

C'est une variation locale du climat général, sur une zone plus ou moins grande. L'identification de microclimats existants ou potentiels sur votre terrain peut vous aider à planifier votre jardin, pour en tirer tout le potentiel. Elle vous permet aussi de décider de la place des éléments structurels comme les serres, les tunnels et les abris. On peut créer un microclimat en implantant des brise-vent (avec des végétaux ou des écrans artificiels) ou en éliminant des éléments comme une clôture, un arbre, une haie ou une construction.

Un microclimat peut évoluer. Certains facteurs sont hors de contrôle, comme la construction d'un bâtiment à proximité ou encore la plantation ou l'abattage d'arbres dans le voisinage. Et un arbre planté par vos soins crée un microclimat plus frais quand il arrive à maturité.

Exposition

Repérez d'abord l'orientation de votre jardin en notant l'endroit où le soleil se couche – c'est évidemment l'ouest (dans les deux hémisphères). Ainsi, la partie du jardin éclairée par le soleil déclinant est exposée à l'ouest. Vous pouvez ensuite repérer les parties exposées aux trois autres points cardinaux. Matérialisez-les sur votre plan par des flèches (voir p. 28).

L'eau au jardin

En été, dans les jardins, l'eau rafraîchit la végétation sur ses bords, en s'évaporant et en se condensant sur les feuilles. En outre, la lumière est réfléchie sur les plantes, ce qui augmente le taux de photosynthèse.

L'eau agit comme un miroir en reflétant le soleil.

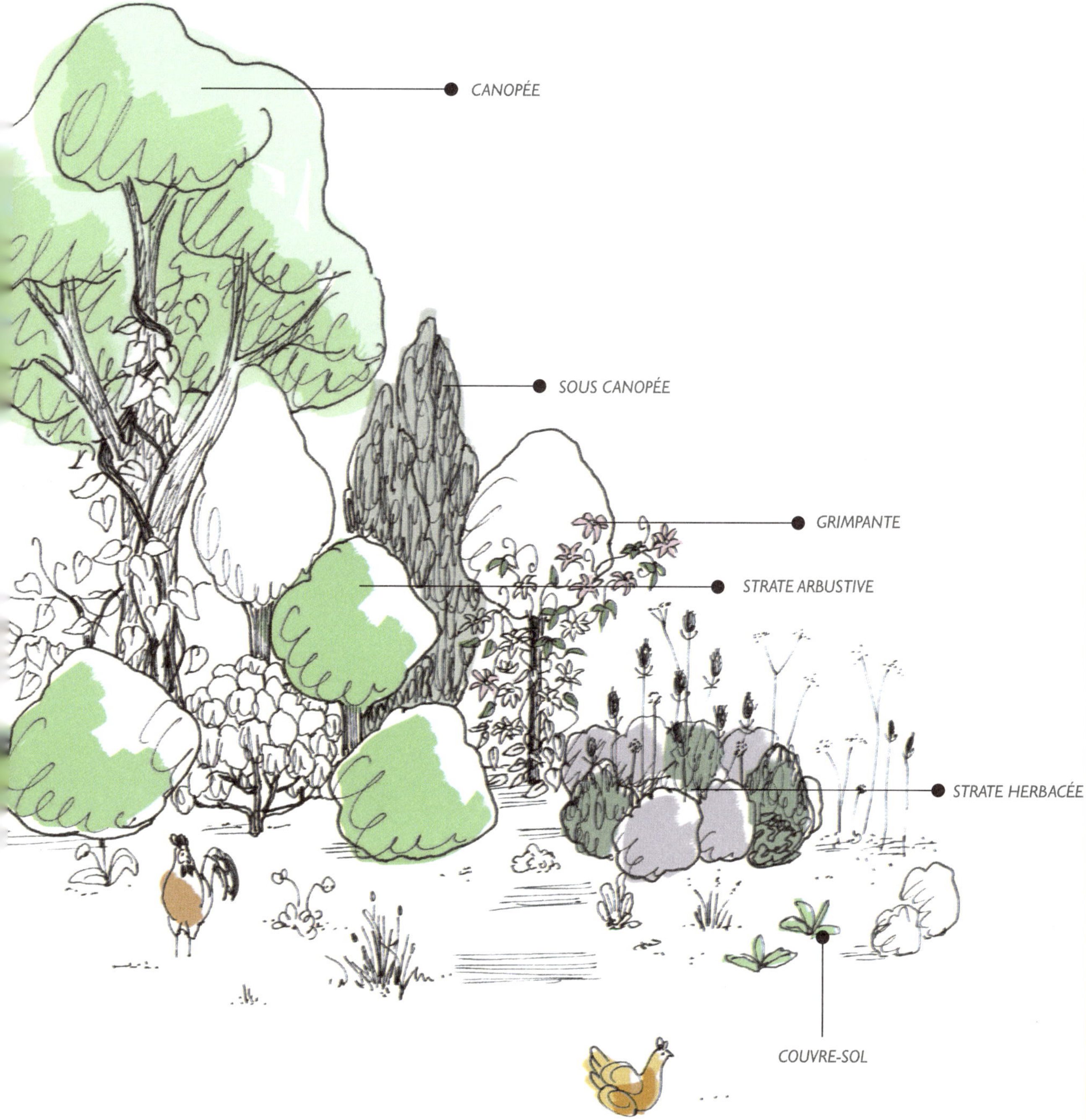

Plantation à maturité

Une plantation dense, caractéristique de la permaculture, crée son propre microclimat. Les plantes basses sont protégées des vents forts par les grandes.

Les cultures sur mur ensoleillé

Dans les régions tempérées, en été, un mur exposé au soleil est bien éclairé à midi et durant l'après-midi (période la plus chaude de la journée). Il donne la possibilité de cultiver des plantes insuffisamment rustiques pour prospérer dans un autre endroit du jardin.

Espèces adaptées au mur ensoleillé

Arbres et arbustes

Abricotier

Pêcher

Figuier

Agrumes

Olivier

Grenadier

Grimpantes

Kiwi

Vigne

Annuelles

Tomate

Piment

Poivron

Aubergine

Haricot

En été, dans les deux hémisphères, un mur exposé à l'ouest est ensoleillé de midi au crépuscule. Dans l'hémisphère Nord, une exposition au sud est synonyme de chaleur pendant la majorité de la journée. C'est la même chose dans l'hémisphère Sud pour une exposition au nord.

Beaucoup... mais pas trop

Un mur ensoleillé est idéal pour adosser une véranda ou un jardin d'hiver, communiquant directement avec la maison, où l'on cultive des plantes tropicales et où l'on se relaxe agréablement. Toutefois, en été, lorsque le soleil donne, la température peut y monter rapidement, au point de causer des brûlures sur les feuilles et rendre le lieu inhospitalier. Un dispositif d'ombrage permet alors de préserver de la fraîcheur et d'éviter une trop grande différence entre le jour et la nuit.

Un mur chaud convient aussi pour une pergola habillée d'une vigne, qui y trouve des conditions idéales. Si elle recouvre une terrasse ou abrite un salon de jardin, elle constitue un havre de fraîcheur en été.

Clôtures, **écrans** et **brise-vent d'arbres** apportent une protection aux cultures et créent une zone plus chaude, qui n'absorbe pas mais restitue la chaleur, comme le font la brique, la pierre ou le béton.

Murs à l'ombre

Ils ont aussi leur utilité. À l'abri d'un mur frais, les conditions sont atténuées, sans extrêmes de froid ni de chaleur. Beaucoup de plantes à feuillage ample, comme les salades, la roquette et les hostas, apprécient cette fraîcheur. En outre, comme l'évaporation y est faible, les arrosages peuvent être espacés. Par ailleurs, l'ombre contrarie les floraisons, qui pompent l'énergie des plantes et les empêchent de produire de nouvelles feuilles.

Les fruits mûrissent mal à l'ombre, à l'exception de ceux du cerisier Morello (*Prunus cerasus* 'Morello'), qui donne des cerises rouge foncé et acides, un peu aigres pour être croquées, mais parfaites pour les tartes et les confitures.

Un mur exposé au soleil protège les délicates floraisons des gelées printanières et favorise le mûrissement des fruits en réfléchissant la chaleur.

La topographie du jardin

« Topographie » est un terme global utilisé par les géographes pour rendre compte des formes générales et des détails de la planète, ou d'une de ses parties.

Dans le cadre d'un jardin moyen, la topographie concerne les caractéristiques du terrain. L'observation s'intéresse non seulement aux pentes mais aussi à la position des clôtures, des murs et des haies, ainsi qu'à celle de la maison sur le site. Même un petit jardin de banlieue plat a une topographie, puisqu'il présente des limites et éventuellement de petits changements de niveau, par exemple à la jonction de la terrasse et de la pelouse ou des massifs.

La topographie du jardin englobe aussi la circulation de l'air et de l'eau, susceptible d'entraîner une érosion du sol. L'eau coule sur les déclivités, s'accumule et stagne dans les creux, qui constituent de ce fait des zones potentiellement humides. En élaborant un jardin de permaculture, vous pourrez être amené à modifier la topographie, par exemple en creusant un bassin, en créant des massifs surélevés ou en établissant une serre-tunnel. Il vous faudra donc revoir de temps en temps vos observations initiales.

Un ensemble varié d'arbres, d'arbustes et de vivaces, sur le côté de la maison, absorbe l'excès d'eau, évitant la pénétration de l'humidité dans la maçonnerie. Côté soleil, de grands arbres abritent de petits arbustes.

Un terrain pentu

Les poches de froid

L'air froid s'écoule vers le point le plus bas du site et peut y former une poche de froid. Dans les régions froides, certaines zones du terrain sont des « poches de gel » en hiver.

Les gelées sont meurtrières pour les plantes peu rustiques et il faut donc identifier les poches de froid dans votre jardin. Au printemps, après un jour ensoleillé, le froid nocturne peut tuer beaucoup de plantes.

Parmi les poches de froid potentielles :

- Tout creux ou toute déclivité, quel que soit son aspect.
- L'intersection d'une pente avec un mur ou un autre obstacle solide.

Pour éviter les poches de froid

À la limite d'une zone pentue, vous éviterez une poche de froid en :

1. remplaçant les clôtures solides par des ÉCRANS PERMÉABLES ;
2. laissant un INTERVALLE À LA BASE DE LA CLÔTURE pour que l'air froid puisse s'écouler ;
3. ÉLAGUANT LA BASE DES PLANTES DE LA HAIE pour que l'air froid s'évacue sans obstacle.

Près de la maison, côté soleil, une terrasse, ou un pavage, sont surmontés d'une pergola où poussent des plantes de plein soleil.

Des planches surélevées facilitent l'accès aux plantes ; l'abri de la maison leur procure un microclimat bénéfique.

À l'extrémité, une haie abrite du vent dominant.

Un creux, devant une clôture, est une poche de froid potentielle.

Les effets du vent sur le jardin

Le vent – l'air en déplacement – est une source gratuite et inépuisable d'énergie. Autrefois, il actionnait des meules pour moudre le grain et de nombreux moulins à vent se dressaient sur les collines et dans les plaines. Il entraînait aussi des pompes à eau et des barattes pour faire du beurre. Et aujourd'hui, les éoliennes fleurissent par centaines dans nos campagnes.

L'impact du vent

Dans une zone cultivée, le vent est un facteur important. Il a en général une influence négative. Une tempête brise des branches et peut même déraciner un arbre. En hiver et au début du printemps, des vents froids desséchants font des dégâts chez les plantes, surtout quand elles donnent leurs premières pousses, et détruisent parfois les floraisons précoces des fruitiers et d'autres végétaux.

Le vent a aussi un impact sur les bâtiments et les éléments structurels du jardin, notamment les clôtures, les serres et les tunnels. Une maison bâtie sur un site venteux est plus difficile à chauffer et il faut souvent renforcer son isolation. Pour éviter les mauvaises surprises, on a tout intérêt à construire les structures sur fondations dans des zones abritées.

Et les grands vents ont souvent un effet néfaste sur la fertilité en érodant la couche supérieure, particulièrement sur les sols légers et sableux (voir p. 54). Dans un tel cas, les engrais verts (voir p. 86) sont très utiles pour protéger la terre qui, autrement, serait dénudée, surtout en automne et en hiver.

Dans les zones exposées, un écran de grands arbres et de petits arbustes filtre le vent, offrant aux zones cultivées à proximité des conditions plus calmes, favorables à la bonne santé des plantes.

Les vents ont un caractère saisonnier. Aussi, on observe fréquemment des tempêtes automnales dans les régions tempérées, après une période de calme en été. Dans les zones tropicales, les ouragans peuvent survenir à n'importe quel moment de l'année mais, en général, ils sont également saisonniers. Ils causent des dégâts considérables et bouleversent même les conditions de vie.

Effet de couloir

Si votre propriété présente un passage étroit, par exemple le long de la maison, il est non seulement ombragé, mais peut aussi être balayé par un vent de couloir, le rétrécissement causant une accélération rapide. Cet espace est inhospitalier pour la majorité des plantes et mieux vaut l'utiliser pour le stockage.

Note :
Il n'est pas nécessaire d'abriter du vent la totalité du terrain. Une zone ventée, surtout si le sol y est médiocre, peut servir à faire sécher le linge, ce qui évite d'utiliser un séchoir, cher à l'achat et qui grève singulièrement la facture d'électricité.

Dans la nature, il est assez facile de déterminer la direction des vents dominants : il suffit de regarder de quel côté les grands arbres sont penchés. S'ils sont tous droits, avec une ramure régulièrement étalée, c'est que les vents soufflent dans toutes les directions.

Brise-vent

Une clôture brise-vent tient peu de place et peut-être très efficace. Elle n'est toutefois pas précisément esthétique, puisqu'elle est faite de matériaux synthétiques, en général maillés. Elle ne bloque donc pas le vent mais le filtre, en réduisant sa force.

Les arbustes et les arbres de haie abritent la faune sauvage, mais il faut plusieurs années pour qu'ils filtrent efficacement le vent. En outre, il est nécessaire de les entretenir et de remplacer les sujets qui meurent ou dépérissent. Cependant, pour obtenir un effet immédiat, vous pouvez placer un brise-vent synthétique derrière votre jeune haie – il aura un effet protecteur sur les plantes de celle-ci, qui se développeront plus vite. Notez que les conifères sont particulièrement fragiles quand ils sont jeunes : un vent violent dessèche les aiguilles encore tendres. Une fois la haie établie, vous pouvez retirer le brise-vent synthétique.

Brise-vent et haie ont un impact sur l'enneigement puisque la neige s'amoncelle d'un côté (« sous le vent ») et irrigue le sol lorsqu'elle fond.

Bienfaits d'un brise-vent :

- Protection des cultures
- Création d'un habitat pour la faune sauvage
- Blocage des nuages de pesticides et d'engrais synthétiques (dans les zones agricoles)
- Blocage de la pollution du trafic automobile (dans les zones urbaines et routières)
- Prévention de l'érosion du sol

Les ombres pluviométriques au jardin

La pluie n'arrose pas le sol de manière homogène, car certains éléments l'en empêchent et le vent la détourne parfois. En outre, elle n'est pas absorbée partout de manière égale, puisqu'il y a des zones bétonnées ou dallées. Enfin, sur sol lourd, elle tend à former des flaques.

Qu'est-ce qu'une ombre pluviométrique ?

Du côté d'un mur, d'une haie ou d'une clôture (ou de toute structure solide) abrité(e) du vent dominant, la terre reste sèche quand il pleut. Sur le plan de votre terrain (voir p. 28), il faut mentionner ces ombres pluviométriques, puisque les plantes qui y sont cultivées ont besoin d'arrosages supplémentaires. Et s'il n'y a pas de point d'eau récupérée à proximité, il convient de sélectionner des espèces adaptées aux sols secs (voir p. 52). Il faut aussi noter sur le plan le temps supplémentaire nécessaire pour l'irrigation.

Si le sol concerné par une ombre pluviométrique (abrité par un mur – notamment celui de la maison –, par une haie ou des arbres) reçoit moins d'eau de pluie, celle-ci, en revanche, s'évapore plus lentement que dans les endroits ensoleillés. En effet, sur une parcelle non abritée et exposée en plein soleil, la terre se dessèche rapidement si un épisode de forte chaleur succède à de fortes pluies (comme après un orage d'été). Le phénomène peut causer des brûlures aux feuillages tendres.

La pluie ne mouille pas ce côté de la haie.

L'oïdium et comment l'éviter

Les plantes poussant à l'ombre pluviométrique d'un mur sont souvent touchées par l'oïdium. Cette maladie fongique est favorisée par une sécheresse des racines et un air stagnant autour des parties aériennes.

Les symptômes – des taches de moisissure grisâtre sur les feuilles et les tiges – apparaissent notamment en fin d'été et en début d'automne. À cette époque, le sol s'est souvent desséché et, après la croissance estivale, le feuillage est dense. En outre, c'est la saison où la température baisse – et l'air plus frais porte les spores du champignon, susceptibles de coloniser les plantes.

Pour prévenir l'oïdium :

1. ÉCLAIRCISSEZ LES TIGES en août-septembre, pour que l'air circule.
2. ARROSEZ la plante par temps sec.
3. PAILLEZ ABONDAMMENT en été, après avoir arrosé, pour prévenir l'évaporation.
4. CHOISISSEZ DES VARIÉTÉS réputées résistantes à l'oïdium.

lantes en conteneurs

ans le compost d'un pot ou
un autre récipient, l'eau s'écoule
pidement et il convient donc
arroser régulièrement – jusqu'à
eux fois par jour au plus fort
l'été, car l'évaporation est alors
ès rapide

ARROSEZ LE SOIR, à la fraîche, quand l'évaporation est plus faible.

UTILISEZ UN ARROSOIR plutôt qu'un tuyau et arrosez sur la terre du pot, et non sur le feuillage.

ARROSEZ AU GOULOT, sans la pomme d'arrosoir, pour éviter la dispersion de l'eau et les pertes qui en résultent.

ARROSEZ À LA BASE DE LA PLANTE, au pied même de la tige, pour éviter les éclaboussures.

DISPOSEZ LES PLANTES EN GROUPE, pour que les feuillages créent un microclimat, réduisant ainsi le taux d'évaporation.

Arrosage du jardin : les priorités

L'eau est précieuse. En permaculture, nous tâchons de l'économiser en la dosant au mieux et de réduire au maximum son transport. Lorsque vous planifiez votre futur jardin, il faut penser aux endroits où l'eau apportera le plus de bénéfices.

Les ressources en eau

La plus accessible, c'est bien entendu l'eau du réseau de distribution – les robinets ! L'eau de pluie peut être récupérée dans bien des points du jardin, à condition d'installer un système adéquat. Un ruisseau ou un puits constitue aussi une ressource, mais il peut s'assécher en été, précisément quand les besoins sont les plus grands. Un bon paillage au pied des plantes établies suffit souvent à retenir assez d'humidité dans le sol pour leurs besoins. Les grands arbres fruitiers n'ont en général pas besoin d'arrosage, leurs racines descendant assez profondément pour chercher l'eau dans le sous-sol.

Quand faut-il arroser ?

- Les besoins en eau des plantes dépendent de leur stade de développement.
- Les jeunes plants sont sensibles à la sécheresse – qui peut les tuer. Il faut les arroser régulièrement et par petites quantités pour leur assurer une croissance régulière.
- Les légumes-fruits (tomates, aubergines, poivrons…) ont besoin d'arrosages réguliers quand les fruits sont en formation – à défaut, ceux-ci se rabougrissent et peuvent même avorter.

Ceux qui aiment l'eau

Lors de la conception du jardin, placez les plantes demandant des arrosages réguliers en zone 1 (voir page p. 13).

Plantes ayant besoin d'irrigations régulières :

- Légumes-feuilles
- Légumes-fruits : tomate, piment, poivron, aubergine, concombre
- Petits fruits
- Cultures en pots
- Cultures sous abri

Les capacités de drainage du sol

Le sol est-il plus ou moins drainant ? La réponse à cette question permet de déterminer quelles plantes il faut cultiver à tel ou tel endroit. Pour évaluer le drainage, utilisez une des méthodes suivantes.

LE TEST DE PERCOLATION

1

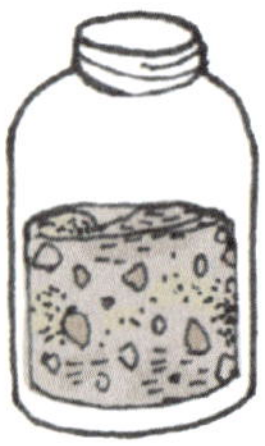

Remplissez à moitié un bocal de verre propre de terre prélevée dans le jardin.

2

Remplissez-le d'eau.

3

Vissez le bouchon et secouez vigoureusement.

4

Posez le bocal sur une surface plane. Après 1 jour ou 2, la terre s'est déposée et des couches sont clairement visibles au fond, tandis qu'au-dessus, l'eau est redevenue claire.

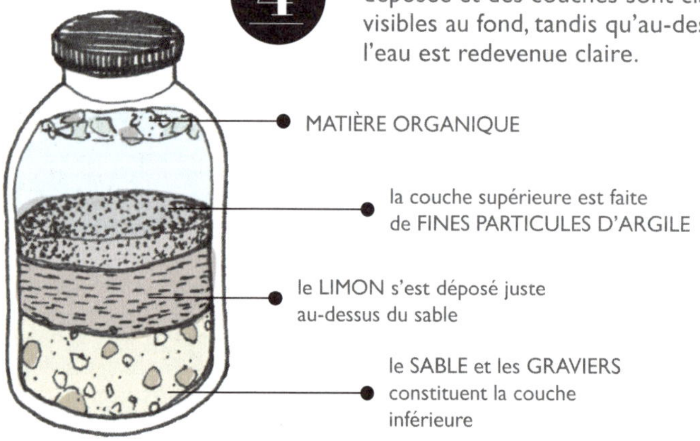

Correction d'un sol mal drainé

Il est facile d'améliorer un sol compact et laissé à l'abandon en lui incorporant de la matière organique – compost de jardin, fumier de ferme bien décomposé ou autre… Citons aussi le paillage (voir p. 68) et les planches surélevées (voir p. 64).

La présence de mousses ou d'un voile verdâtre sur le sol dénote un mauvais drainage – fréquent en sol argileux.

Pour améliorer un sol compact ou longtemps non cultivé, on recommande la **pomme de terre** comme première culture.

Note :

Dans les endroits ombragés du jardin, l'eau s'évapore moins vite que dans les parcelles ensoleillées. Et sur les parties dallées, elle s'écoule parfois mal, ou vers une zone particulière, s'il y a une pente.

Test du drainage (méthode 1)

La manière la plus simple de tester le drainage consiste à prendre une poignée de terre et à la presser.

Texture du sol

La capacité de drainage du sol est déterminée par les proportions de :

sable, limon et argile

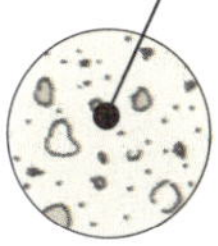

Un **SOL SABLEUX** contient des graviers et coule dans les doigts.

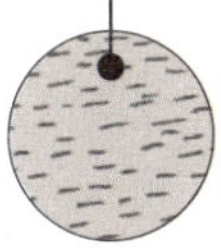

Un **SOL LIMONEUX** comporte de fines particules de roche et est doux au toucher.

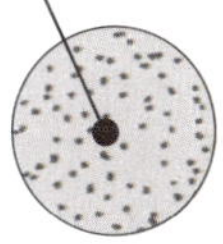

Un **SOL ARGILEUX** a de très fines particules, est malléable et peut être modelé en boudin.

Test du drainage (méthode 2)

1. **Sur un coin de terre nue**, creusez un trou de 30 à 45 cm de profondeur.

2. **Remplissez-le d'eau.**

3. **Mesurez le temps d'écoulement** de l'eau. Une règle graduée dans le trou permet une mesure plus précise.

II. La permaculture en pratique : tirez le meilleur parti des ressources

Règle n° 3 – Cessez de labourer : mieux vaut soigner le sol

Règle n° 4 – Soyez économe en eau

Règle n° 5 – Cessez de gaspiller : réutilisez et recyclez

Le sol

Il est constitué d'un certain nombre de couches distinctes, dont la composition détermine la fertilité et les capacités de drainage. Leur analyse vous renseigne sur les plantes que vous pouvez cultiver le plus facilement.

Qu'est-ce que le sol ?

C'est la couche externe de la croûte terrestre. Toute la vie végétale, telle que nous la connaissons, dépend d'une couche de seulement 30 cm en moyenne – une réalité qui donne à réfléchir !

Le sol est fait d'un mélange d'argile, de limon, de sable et d'humus (matière organique décomposée). Un sol sain contient des poches d'air et une certaine quantité d'eau, vitale pour que les plantes soient vigoureuses.

Sauf à le remplacer complètement, il est difficile de le modifier radicalement à court terme. En permaculture, on choisit de le préserver, de le gérer et d'améliorer sa fertilité à long terme.

Les couches du sol

On les distingue clairement lors de travaux de terrassement profonds. Toutefois, il est peu probable que vous ayez à ouvrir de telles excavations dans votre jardin.

La TERRE VÉGÉTALE est la couche supérieure. C'est la seule qui soit fertile, et plus elle est riche en humus, plus l'écosystème est actif. En général, sa profondeur est de 30 cm. C'est dans cette couche que les plantes absorbent les nutriments, grâce à leurs racines fibreuses.

Le SOUS-SOL, généralement plus clair, contient peu (ou pas) de nutriments. Le rôle des racines qui le pénètrent est essentiellement l'ancrage des plantes.

La ROCHE MÈRE se trouve au-dessous. Elle peut être très compacte et s'opposer au passage de l'eau, ce qui entraîne une humidité stagnante.

Les taupes creusent des galeries et se nourrissent de lombrics et d'autres organismes du sol.

Vie microbienne

Un sol doit sa fertilité à des micro-organismes invisibles à l'œil nu. Beaucoup d'entre eux ont un impact direct sur la croissance des plantes et participent aussi à l'écosystème. Certains sont parfaitement bénéfiques, favorisant la santé et la vigueur des végétaux, alors que quelques-uns sont pathogènes et causes de maladies. Si vous rencontrez des problèmes dans vos cultures, sélectionnez d'autres types de plantes, plus résistantes.

Au-dessous de la surface, le sol est lui-même un écosystème, constitué de :

- CONSOMMATEURS PRIMAIRES (champignons, bactéries, lombrics et autres), qui se nourrissent directement sur les déchets de matières organiques, les transformant en humus.
- CONSOMMATEURS SECONDAIRES (acariens, collemboles, protozoaires, amibes et autres), qui se nourrissent sur les consommateurs primaires.
- CONSOMMATEURS TERTIAIRES, constituant les prédateurs supérieurs, qui n'ont eux-mêmes parfois aucun prédateur. Ce sont les mille-pattes, les taupes, les lézards, les serpents et autres, que l'on voit de temps en temps en surface.

Cette liste n'est pas exhaustive. La présence ou l'absence de certains de ces êtres vivants donne des indications sur la santé générale de l'écosystème. En théorie, celui-ci doit être un équilibre de tous, sans espèce dominante.

Les pages suivantes proposent des plantes particulièrement intéressantes en permaculture, qui acceptent divers types de sol.

Acide ou alcalin

En fonction de divers facteurs, un sol de jardin est soit acide, soit alcalin, et quelquefois neutre.

On mesure le pH sur une échelle de 1 à 14. La valeur 7 correspond à un sol neutre ; au-dessus, un sol est alcalin et, au-dessous, acide. Le plus souvent, les sols sont légèrement acides.

Dans leur majorité, les plantes poussent aussi bien en sol acide qu'en sol alcalin. Mais certaines ne tolèrent pas l'alcalinité, par exemple :

- Rhododendrons
- Camélias
- Certaines bruyères (*Erica, Calluna, Daboecia*)
- Myrtilles

Modifier le pH ?

Autrefois, les jardiniers cherchaient souvent à modifier le pH de quelques parcelles pour cultiver des plantes ayant des exigences spécifiques. En permaculture, on essaie de tirer le meilleur parti du sol existant, plutôt que de s'efforcer de l'adapter à certains végétaux. Et un sol peut toujours être amélioré sur le long terme.

Des mousses se développent sur le bois mort.

Les plantes pour sol argileux

Les sols argileux sont lourds et humides, mais souvent fertiles car ils retiennent l'humidité et les nutriments dissous. En été, par temps chaud et sec, ils peuvent être durs comme le béton et se craqueler. En hiver, ils sont souvent collants et l'eau stagne dans les creux et les cuvettes.

Les plantes adaptées aux sols argileux sont en général à croissance rapide, avec un système racinaire profond et robuste. Les végétaux ligneux sont précieux, car ils absorbent l'excès d'humidité, permettant à d'autres plantes, moins tolérantes, de se développer. On trouve de nombreuses espèces pour sol argileux sur Internet, mais voici celles que l'on recommande en permaculture.

Astuces pour réussir :

- Utilisez des paillis contenant des matières non décomposées (fumier de cheval avec de la paille).
- Ou paillez avec de l'écorce compostée.
- Plantez en fin d'hiver ou en début de printemps, pour que les racines ne passent pas l'hiver dans un sol détrempé.

De haut en bas : *Betula* (bouleau), *Malus* (pommier sauvage), *Ginkgo biloba*.

Arbres feuillus

Nom botanique	Nom commun	Remarques
Betula	bouleau	Croissance rapide ; utile en brise-vent.
Crataegus laevigata	aubépine	Les fleurs printanières attirent les pollinisateurs et les fruits automnaux les oiseaux.
Eucalyptus		Utile en têtard ou en cépée.
Malus	pommier sauvage	Les fleurs printanières attirent les pollinisateurs et pollinisent celles des pommiers à fruits ; les fruits automnaux peuvent être consommés cuits.
Sorbus	sorbier	Arbres aérés, qui donnent peu d'ombre ; les fleurs printanières attirent les pollinisateurs, et les fruits automnaux les oiseaux.

Conifères

Nom botanique	Nom commun	Remarques
Ginkgo biloba		Décidu ; utile en têtard ; gaines comestibles (sur sujets femelles).
Taxodium distichum	cyprès chauve	Décidu ; excellent pour absorber l'excès d'eau dans les sols.
Thuja plicata	thuya géant	Pour les haies de zone urbaine ; il absorbe la pollution.

Arbustes

Nom botanique	Nom commun	Remarques
Berberis	berbéris	Décidu ou persistant ; feuillage dense, idéal en haie ; les fleurs printanières attirent les pollinisateurs, et les fruits automnaux les oiseaux.
Buddleja	arbre aux papillons	Fleurs estivales riches en nectar, attirant les papillons et d'autres insectes.
Cotoneaster	cotonéaster	Décidu ou persistant ; les fleurs printanières attirent les pollinisateurs, et les fruits automnaux les oiseaux.
Fuchsia		Excellent en haie (certaines variétés non rustiques en région tempérée doivent être protégées) ; fruits automnaux comestibles.
Mahonia		Les fleurs printanières attirent les pollinisateurs, et les fruits automnaux les oiseaux.
*Rosa**	rosier	Excellent en haie basse et en haie libre, hébergeant la faune sauvage.
Viburnum	viorne	Décidu ou persistant ; excellent en haie libre, hébergeant la faune sauvage ; les fleurs printanières attirent les pollinisateurs, et les fruits automnaux les oiseaux.

Couvre-sol

Nom botanique	Nom commun	Remarques
Geranium	géranium vivace	Fleurs printanières et estivales comestibles.

Grimpants et arbustes à palisser

Nom botanique	Nom commun	Remarques
Cotoneaster horizontalis	cotonéaster rampant	Les fleurs printanières attirent les pollinisateurs, et les fruits automnaux les oiseaux.
Pyracantha	buisson-ardent	Tolérant aux fortes chaleurs et aux sites exposés ; les fleurs printanières attirent les pollinisateurs, et les fruits automnaux les oiseaux.
Rosa	rosier	Les fleurs printanières attirent les pollinisateurs, et les fruits automnaux les oiseaux.

Vivaces

Nom botanique	Nom commun	Remarques
Geranium	géranium vivace	Fleurs printanières et estivales comestibles.
Helleborus	hellébore	Les fleurs hivernales attirent les pollinisateurs.
*Hosta***		Excellent à l'ombre et en pot ; les jeunes pousses sont comestibles.
Solidago	verge-d'or	Les fleurs estivales attirent les pollinisateurs.

* Évitez les variétés sensibles aux maladies.
** En général à protéger des limaces et des escargots.

De haut en bas : *Buddleja* (arbre aux papillons) ; *Fuchsia* ; *Rosa* ; *Geranium*.

Les plantes pour sols calcaires

Ces sols sont considérés comme problématiques parce que certaines plantes y poussent difficilement et que quelques-unes ne les tolèrent pas. Ils sont alcalins et drainants, tendent à se dessécher et sont souvent pauvres en nutriments. L'épaisseur de la couche de terre végétale sur le sous-sol calcaire varie, et plus elle est importante, plus le sol est fertile.

On trouve de nombreuses espèces pour sol calcaire sur Internet, mais voici celles que l'on recommande en permaculture.

De haut en bas : *Aesculus* (marronnier) ; *Lavandula* (lavande) ; *Morus* (mûre).

Arbres feuillus

Nom botanique	Nom commun	Remarques
Aesculus	marronnier	Les marrons d'automne sont une bonne source de nourriture pour les petits mammifères.
Carpinus betulus	charme commun	Utile en haie.
Crataegus laevigata	aubépine épineuse	Les fleurs printanières attirent les pollinisateurs, et les fruits automnaux les oiseaux.
Malus	pommier sauvage	Les fleurs printanières attirent les pollinisateurs et pollinisent celles des pommiers à fruits ; ses fruits automnaux peuvent être consommés cuits.
Morus	mûre	Les fruits de fin d'été sont comestibles.

Conifères

Nom botanique	Nom commun	Remarques
Ginkgo biloba		Décidu ; utile en têtard ; gaines comestibles (sur sujets femelles).
Larix	mélèze	Décidu ; excellent en brise-vent de clôture, en plantation alternée avec des conifères persistants.

Arbustes

Nom botanique	Nom commun	Remarques
Buddleja	arbre aux papillons	Fleurs estivales riches en nectar, attirant les papillons et d'autres insectes.
Hebe	véronique arbustive	Les fleurs estivales attirent les abeilles ; certaines variétés conviennent en haie basse.
Lavandula	lavande	Les fleurs printanières et estivales sont comestibles et attirent des insectes bénéfiques.
Rosmarinus	romarin	Les fleurs printanières et estivales attirent des insectes bénéfiques et les feuilles sont utilisées comme aromate.

De gauche à droite : *Helianthus* (tournesol) ; *Solidago* (verge d'or) ; *Eschscholzia*.

Grimpants

Nom botanique	Nom commun	Remarques
Hedera	lierre	Les fleurs automnales attirent les abeilles ; les sujets développés constituent des abris hivernaux pour des oiseaux et de petits mammifères.

Vivaces

Nom botanique	Nom commun	Remarques
Artemisia	armoise	Les fleurs estivales attirent des insectes bénéfiques.
Aster		Les fleurs estivales et automnales attirent des insectes bénéfiques.
Geranium	géranium vivace	Les fleurs printanières et estivales sont comestibles.
Solidago	verge-d'or	Les fleurs estivales attirent des pollinisateurs.

Annuelles

Nom botanique	Nom commun	Remarques
Cosmos bipinnatus		Les fleurs estivales attirent des pollinisateurs.
Eschscholzia	pavot	Les fleurs estivales attirent des pollinisateurs.
Godetia	godétia	Les fleurs estivales attirent des pollinisateurs.
Helianthus	tournesol	Les fleurs printanières attirent des pollinisateurs.
Myosotis		Les fleurs printanières attirent des pollinisateurs.

Astuces pour réussir :

- Paillez régulièrement avec de la matière organique.
- À l'achat, choisissez des sujets encore petits, car ils s'établissent plus rapidement que ceux qui sont déjà développés.
- Surveillez l'arrosage car, dans ce type de sol, l'eau s'évacue rapidement.

Les plantes pour sols sableux

Légers, faciles à travailler et très drainants, ces sols sont souvent pauvres en nutriments, car l'eau les lessive. Un paillage de matière organique améliore beaucoup leur pouvoir de rétention de l'humidité et leur fertilité. Les sols sableux sont souvent chauds et s'assèchent rapidement. Dans un jardin, quand ils sont au soleil, ils conviennent pour des plantes méditerranéennes, en particulier des aromates comme le romarin ou la lavande, dont les racines détestent les terres détrempées.

On trouve de nombreuses espèces pour sol sableux sur Internet, mais voici celles que l'on recommande en permaculture.

Astuces pour réussir :

- À la plantation, incorporez autant de matière organique que possible.
- Utilisez des fertilisants organiques, comme la poudre d'os et la fiente de poule (voir p. 84).
- Arrosez généreusement après la plantation, pendant toute la période de croissance.
- Créez des brise-vent pour éviter que les vents dominants n'érodent la couche supérieure du sol.

En haut, à gauche : *Rosmarinus* (romarin) ; en bas, à gauche : *Verbena* (verveine) ; à droite : *Echinops ritro.*

Conifères

Nom botanique	Nom commun	Remarques
Chamaecyparis lawsoniana	cyprès de Lawson	Excellent en haie de clôture.
Cupressocyparis leylandii	cyprès de Leyland	Excellent en haie de clôture et en brise-vent.
Pinus	pin	Son bois est utile pour la menuiserie.

Arbustes

Nom botanique	Nom commun	Remarques
Buddleja davidii	arbre aux papillons	Fleurs estivales riches en nectar, attirant les papillons et d'autres insectes.
Elaeagnus	chalef	Persistant ; excellent en haie et résistant en bord de mer.

Petits arbustes

Nom botanique	Nom commun	Remarques
Artemisia	armoise	Les fleurs estivales attirent des insectes bénéfiques.
Calluna vulgaris	bruyère commune	Persistante ; demande un sol acide ; les fleurs, à diverses périodes de l'année, sont mellifères et donnent un excellent miel.
Erica carnea	bruyère des neiges	Persistante ; ses fleurs, surtout hivernales, sont mellifères et donnent un excellent miel.
Hebe	hébé	Les fleurs estivales attirent des insectes bénéfiques.
Lavandula	lavande	Les fleurs printanières et estivales sont comestibles et attirent des insectes bénéfiques.
Rosmarinus	romarin	Les fleurs printanières et estivales attirent des insectes bénéfiques et les feuilles sont utilisées comme aromate.

Grimpants

Nom botanique	Nom commun	Remarques
Passiflora	fleur de la passion	Les fleurs estivales attirent des insectes bénéfiques.

Vivaces

Nom botanique	Nom commun	Remarques
Eryngium foetidum	coriandre longue	Les racines et les jeunes feuilles sont comestibles ; elle se ressème spontanément, même en lieux arides ; les fleurs attirent des insectes bénéfiques.
Echinops ritro	boule azurée	Les fleurs estivales attirent les abeilles et d'autres insectes.
Verbena	verveine	Les fleurs estivales attirent des insectes bénéfiques.

Les plantes pour sol humide

Si l'eau est essentielle à la croissance des plantes, l'air, piégé dans les pores du sol, joue également un grand rôle. Si la terre est très humide, l'oxygène fait défaut et les racines stagnent et peuvent même pourrir. Si le jardin comprend une partie humide, choisissez des plantes adaptées, qui contribuent à absorber l'excès d'humidité.

On trouve de nombreuses espèces pour sol humide sur Internet, mais voici celles que l'on recommande en permaculture.

Astuces pour réussir :

- Étalez de la matière organique sur une large surface, y compris entre les plantes.
- À la plantation, évitez de compacter le fond et les côtés du trou ; donnez des coups de fourche-bêche pour faciliter la pénétration des racines.
- Plantez les arbres sur un monticule pour que l'eau en excès s'écoule sur les fines racines superficielles.

Arbres feuillus

Nom botanique	Nom commun	Remarques
Aesculuus pavia	pavier rouge	Les fruits automnaux sont une source de nourriture pour des petits mammifères.
Amelanchier	amélanchier	Les fleurs printanières attirent des pollinisateurs et les fruits automnaux sont une source de nourriture pour les oiseaux.
Crataegus laevigata	aubépine	Les fleurs printanières attirent les pollinisateurs, et les fruits automnaux les oiseaux ; excellente en haie hébergeant la faune sauvage.
Mespilus germanica	néflier	Les fruits automnaux sont comestibles.
Pyrus	poirier	Les fleurs printanières attirent les pollinisateurs et les fruits automnaux sont comestibles.
Salix	saule	Utile en têtard ou en cépée (voir p. 88) ; utilisé traditionnellement pour la vannerie et les clôtures tressées (plessis) ; excellent brise-vent.
Tilia	tilleul	Utile en têtard.

Conifères

Nom botanique	Nom commun	Remarques
Taxodium distichum	cyprès chauve	Décidu ; excellent pour consolider les sols humides.
Thuja plicata	thuya géant	Excellent en haies, surtout en zone urbaine où son feuillage dense est apprécié.
*Rosa**	rosier	Les fleurs estivales attirent les pollinisateurs, et les fruits automnaux les oiseaux.

* Évitez les variétés sensibles aux maladies.

De gauche à droite : *Prunus spinosa* (prunellier) ; *Mespilus germanica* (néflier) ; *Cornus alba* (cornouiller blanc).

Arbustes

Nom botanique	Nom commun	Remarques
Berberis x *stenophylla*	berbéris	Les fleurs printanières attirent les pollinisateurs, et les fruits automnaux les oiseaux.
Cornus alba	cornouiller blanc	Utile en têtard et en cépée (voir p. 88) ; il fournit d'excellents tuteurs.
Prunus spinosa	prunellier	Les fleurs printanières attirent des insectes pollinisateurs et les fruits automnaux (prunelle) peuvent être cuits et conservés ou parfumer les alcools ; il s'hybride parfois avec les pruniers des jardins pour donner des plantes portant de petits fruits comestibles.

Bambous

Nom botanique	Nom commun	Remarques
Pseudosasa		Utile en brise-vent ; les cannes de 3 ans font d'excellents tuteurs.

Vivaces

Nom botanique	Nom commun	Remarques
*Hosta**		Excellent à l'ombre ; les jeunes pousses sont comestibles.

* Il est nécessaire de le protéger contre les limaces et les escargots.

Soigner le sol

Le sol est fascinant. C'est la source de presque toute la nourriture que nous absorbons pendant notre vie. En permaculture, le soigner est essentiel pour créer un système prospère. Quel que soit son type, il est possible de l'améliorer par des applications régulières de matière organique, sous forme de paillage. Et on peut le rendre plus fertile, même quand il a été longtemps à l'abandon.

Le rôle des lombrics

Présents dans presque tous les sols, les vers de terre mangent les déchets végétaux sans attaquer les plantes vivantes, et ils les transforment, contribuant à la fertilisation. Leurs galeries améliorent la texture du sol. Ils sont actifs toute l'année, mais sont en repos quand il fait froid, ou chaud et sec. Certains sortent la nuit, pour se nourrir de déchets végétaux en surface, et ils entraînent des feuilles mortes et d'autres débris dans leurs galeries.

Cendres volcaniques

Si les éruptions volcaniques sont dévastatrices, on a observé qu'elles entraînent aussi un enrichissement du sol par la lave, qui contient des éléments essentiels pour la croissance des plantes, comme le fer, le phosphore et le potassium. Et les terres agricoles à proximité des volcans comptent parmi les plus fertiles. Il est possible d'acheter des cendres volcaniques et de les épandre sur le sol ou de les ajouter au tas de compost.

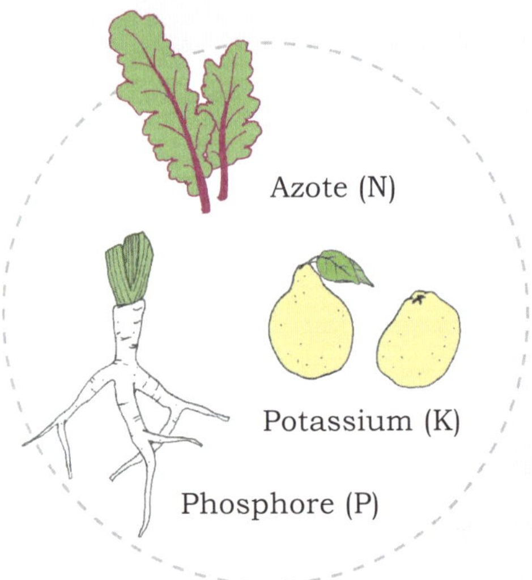

Nutriments des plantes

Les trois principaux éléments nécessaires pour la croissance des plantes sont présents, à divers degrés, dans un sol de jardin sain et fertile.

- L'azote (N) favorise un feuillage abondant et dense.
- Le potassium (K) est bénéfique à la formation des fleurs et des fruits, et durcit l'écorce des végétaux ligneux en été.
- Le phosphore (P) favorise la croissance des racines.

Ces nutriments, avec d'autres éléments (oligoéléments), comme le magnésium (Mg) et le manganèse (Mn), dont les plantes ont besoin en petites quantités, sont présents dans le sol. L'agriculture commerciale les introduit souvent sous forme de composés artificiels – que l'on trouve également dans les jardineries. En revanche, en permaculture, tous les nutriments proviennent de matières organiques.

Sol contaminé

Un sol peut avoir été contaminé par de l'essence, du gasoil ou une autre substance chimique. Et si votre terrain était auparavant cultivé par un agriculteur, il se peut qu'il contienne des résidus de pesticides. Dans les cas graves, il est préférable de faire analyser le sol en laboratoire, pour mesurer l'importance de la contamination. Sinon, adoptez une des solutions suivantes :

- Remplacez la couche supérieure.
- Utilisez des planches surélevées (voir p. 64) ou cultivez en pots et en jardinières.
- Épandez des matières organiques en couche épaisse (voir *Le paillage en couche*, p. 68).
- Évitez les légumes-racines et les légumes-feuilles, susceptibles d'absorber des toxines, au profit des légumes-fruits et des légumes-graines.
- Utilisez les parcelles contaminées pour des plantes ornementales ou utilitaires.

À terme, le sol devrait retrouver un équilibre. Selon la position des zones contaminées dans le jardin, vous pouvez les utiliser pour le séchage du linge ou pour stocker les poubelles de recyclage.

La diversité engendre la diversité.
Pour favoriser une grande diversité de la vie dans le sol, cultivez une très large gamme d'espèces végétales.

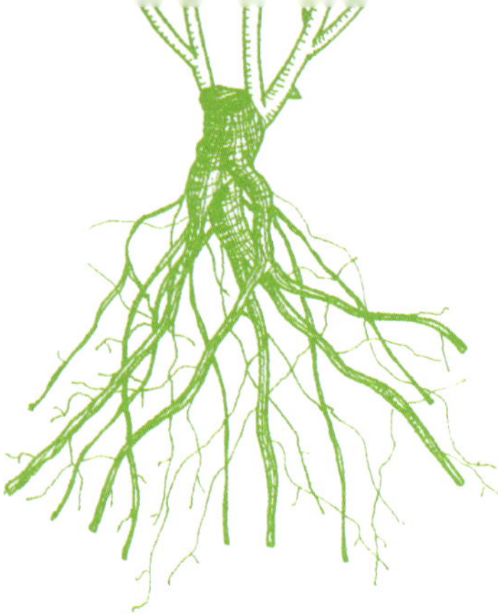

Les champignons mycorhiziens

sont particulièrement bénéfiques lorsqu'on plante à racines nues, en automne (voir *Plantation d'un arbuste à racines nues*, p. 172). Ils favorisent un système racinaire robuste et sain pendant la période où la partie aérienne de la plante est encore dormante, ce qui se traduit par une croissance vigoureuse au printemps suivant.

Des racines **plus fortes**

En jardinage et en agriculture conventionnels, le recours massif aux engrais synthétiques et à quelques fumiers animaux s'est substitué aux méthodes naturelles d'amélioration. Mais il est de plus en plus reconnu qu'une croissance harmonieuse des plantes dépend d'une relation saine entre les racines et un écosystème équilibré du sol.

1

2

3

4

5

RÉCOLTE DE CHAMPIGNONS MYCORHIZIENS SUR DU PLANTAIN

Les plantains (*Plantago major, P. lanceolata*) sont en général considérés comme des mauvaises herbes sur les pelouses, mais leurs nombreuses racines sont riches en mycorhizes, que l'on peut récolter et utiliser lors de la plantation d'une plante ligneuse, par exemple un arbre fruitier ou un arbuste à petits fruits.

1. Déterrez un plantain à maturité, présentant un système racinaire développé.

2. Débarrassez les racines de l'excès de terre.

3. Séparez les grosses racines du feuillage – que vous pourrez composter, par exemple sur un tas de compost à froid (voir p. 72). En revanche, les tiges portant des graines doivent être compostées à chaud (voir p. 76).

4. Avec un bon couteau, coupez finement les racines.

5. Pour nourrir les champignons mycorhiziens, saupoudrez une cuillerée à café de poudre d'os (voir p. 84) sur les fragments. Lors de la plantation, placez ceux-ci au fond du trou (voir p. 173) ou égrenez-les à la base de la motte (voir p. 173). Il est important que les morceaux de plantain soient en contact avec les racines pour que les champignons puissent s'y implanter et s'y développer.

Le rôle des champignons mycorhiziens

Les **champignons mycorhiziens** favorisent l'absorption des nutriments par les racines et repoussent les parasites. En échange, ils reçoivent du sucre et des nutriments de la plante hôte. Ils se lient spontanément aux racines, constituant une sorte de double du système racinaire, qui accroît la capacité de la plante à capter l'humidité du sol, avec les nutriments dissous, et favorise une croissance harmonieuse (voir *Le rôle des champignons dans un écosystème*, p. 20).

En jardinerie ou en ligne, on peut acheter des champignons mycorhiziens sous forme de compost desséché, pour les utiliser en plantant des arbres et des arbustes. Mais il est plus économique de les récupérer sur les racines de certaines plantes qui, comme le plantain, en contiennent en général beaucoup.

Jardiner sans s'épuiser : le non-labour

On ne peut pas éviter de remuer le sol. Il faut faire des trous de plantation, arracher les mauvaises herbes et incorporer les fertilisants. Et il faut parfois labourer pour décompacter une terre tassée par des fortes pluies ou le piétinement.

Cependant, et c'est là un des principes fondamentaux de la permaculture, étant donné que le sol est un écosystème actif en tant que tel, il faut éviter de le perturber, afin de préserver son délicat équilibre microbien. Labourer est dur et éprouvant, notamment pour le dos et particulièrement en terre lourde. Mais c'est aussi largement contre-productif. Les graines dormantes de mauvaises herbes ramenées à la surface se mettent à germer, ce qui oblige ensuite à les arracher. Le simple enfouissement de matières organiques représente une perturbation.

Il est bien entendu nécessaire de creuser pour planter des végétaux. Mais une fois que ceux-ci sont établis, il faut se détourner des techniques culturales traditionnelles et opter pour le non-labour.

Au lieu de labourer, paillez !

Un paillage nourrit la terre du dessus. Les vers de terre et d'autres organismes du sol remontent dans cette couche et redescendent en enterrant cette matière organique. Ainsi, en nourrissant ces organismes, vous fertilisez le sol.

Alors que les engrais artificiels donnent un coup de fouet aux plantes, cette méthode améliore le sol sur le long terme et vos récoltes gagnent peu à peu en quantité et en qualité.

Non-labour

- Allège la charge de travail.
- Préserve l'écosystème existant.
- Améliore la fertilité à long terme.

La protection de l'écosystème du sol

Si tout sol bénéficie de l'adjonction de matières organiques, il faut adapter les applications de paillage aux plantes cultivées.

Espèces annuelles

Pour les cultures annuelles, notamment au potager, utilisez surtout du compost issu de matières non ligneuses et de fumiers animaux, qui entretiennent les bactéries nécessaires à la santé des plantes.

Verger, jardin-forêt, haies et petits fruits

Pour ce type de plantation, des composts issus de matières ligneuses sont naturellement bénéfiques aux champignons du sol.

Qu'est-ce qu'un paillis ?

Un paillis est un matériau que l'on épand en couche, en surface, autour des plantes. En se décomposant, il fertilise la terre, tout en lui conservant son humidité, ce qui réduit les arrosages nécessaires. En outre, il améliore la structure du sol en augmentant sa capacité de rétention de l'eau et de l'air.

Les paillages classiques :

- Compost de jardin
- Paille
- Fumier de ferme bien décomposé
- Copeaux de bois
- Cendres de bois

Paillez au printemps, après une forte pluie, et en automne, pour restaurer la fertilité et préparer le sol à la saison suivante.

Paillis non organiques

Un paillis de gravier ou de pierre concassée, autour des plantes méditerranéennes, réfléchit la chaleur et la lumière sur les plantes et améliore le drainage, surtout en sol lourd.

Les planches de culture surélevées

Cette technique surélève le sol et, avec lui, les plantes cultivées. Elle facilite le jardinage, notamment si vous avez des problèmes pour vous pencher ou vous baisser, résout le problème du drainage et permet de cultiver pratiquement toutes les plantes potagères. Ménagez des passages assez étroits entre les planches pour éviter de perdre de l'espace.

Note :
Quand on parle de culture sur planche surélevée, il ne s'agit pas de poser des pots sur une étagère ! Une planche, selon le vieux dictionnaire Littré, c'est un espace de terrain ordinairement plus long que large, séparé des parties environnantes par une bordure, une allée.

Fabrication simple d'une planche surélevée

Pour le cadre, fixez des planches de bois sur des montants de section carrée (voir *Fabrication d'un châssis*, p. 103).

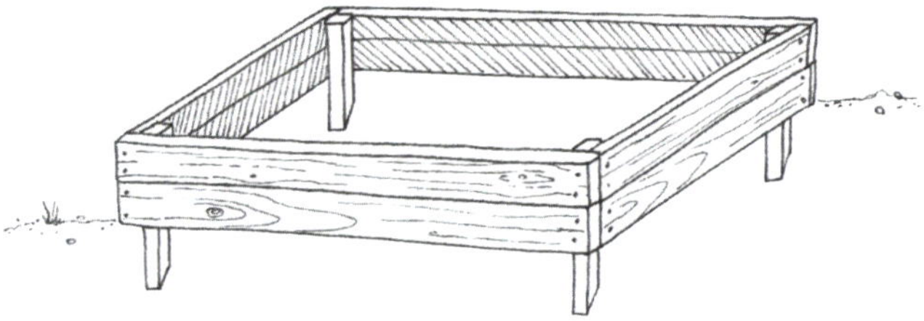

Sciez les montants en pointe pour les enfoncer facilement dans le sol.

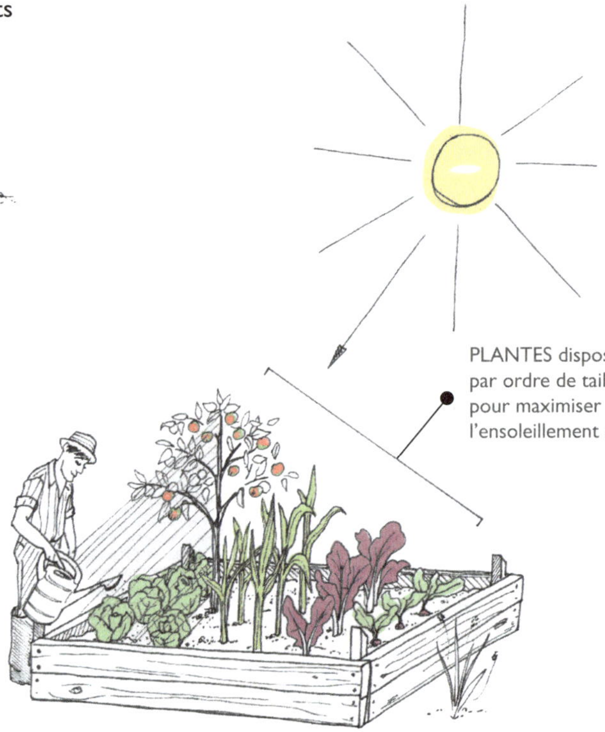

PLANTES disposées par ordre de taille, pour maximiser l'ensoleillement et l'ombrage

Une planche surélevée peut être adossée à une clôture et conçue en gradins, avec culture verticale – un excellent moyen d'exploiter au mieux la place disponible.

Orientation des planches surélevées

Établissez les planches surélevées de manière qu'elles reçoivent le maximum de lumière, créant ainsi un microclimat favorable aux plantes. Placez les arbustes à petits fruits d'un côté : ils abriteront les légumes placés devant. On peut aussi les installer au centre et cultiver à leur ombre des légumes-feuilles comme des salades et des épinards.

La culture surélevée en bottes de paille

Dans les campagnes, la paille, un matériau très isolant, a souvent été utilisée pour la construction – mélangée avec de la bouse de vache et de la terre pour les murs en torchis et en adobe, et telle quelle pour les toits en chaume. Dans les pays équatoriaux, on utilise toujours des matériaux équivalents, comme les palmes, pour les couvertures.

Qu'est-ce que la paille ?

C'est un sous-produit de l'agriculture, constitué des tiges, ou chaumes, des céréales, lorsqu'on en a séparé les grains et la balle. On l'utilise comme aliment et litière pour le bétail, en hiver. Aujourd'hui, dans les champs, après la moisson, on la voit souvent roulée en grosses bottes. Mais ce sont les bottes rectangulaires qui conviennent pour les planches surélevées.

RÉALISER UNE PLANCHE SURÉLEVÉE AVEC DES BOTTES

1. **Disposez les bottes** en rectangle, en les serrant bien les unes contre les autres.

2. **Étalez des feuilles** de carton sur le sol.

3. **Remplissez avec un mélange** de terre de jardin (si vous en avez), de compost de jardin et éventuellement d'autres substrats de culture. Vous pouvez aussi utiliser du terreau de rempotage, avec les matières organiques dont vous disposez.

4. **Mettez en place** de jeunes plants. Peu à peu, la paille va se décomposer, améliorant le sol pour des cultures futures.

Note :

Les bottes de paille sont maintenues grâce à des ficelles nouées très serrées. En constituant une planche, ne les coupez pas, car les bottes se désagrégeraient.

La méthode de la *Hügelkultur*

Hügelkultur *est un terme allemand qui signifie « culture sur butte ». Il s'agit de buttes surélevées permettant de composter des rameaux et des rondins et dont la forme permet d'augmenter la surface disponible. Selon leur hauteur, une partie des cultures est en position surélevée, ce qui facilite la récolte.*

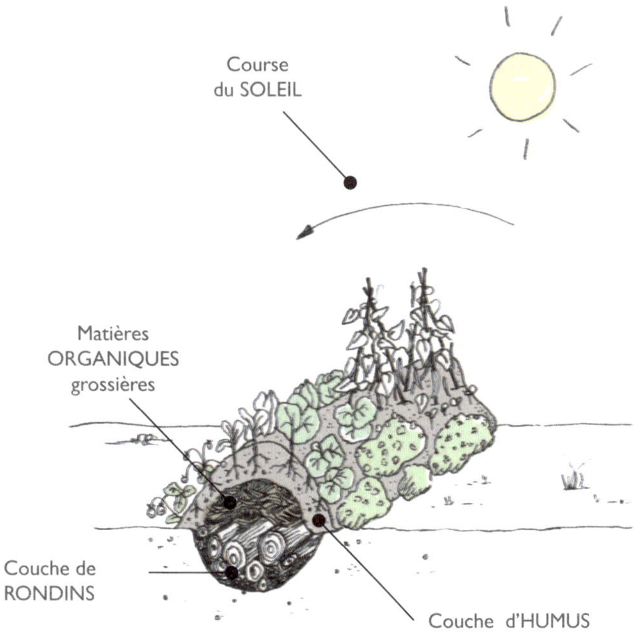

Qu'est-ce que la *Hügelkultur*?

Cette méthode est pratiquée traditionnellement pour les cultures hâtives en Allemagne et en Europe de l'Est. Mais elle se révèle très utile sous climat sec ou sur sol sec, car elle réduit les besoins en eau.

La *Hügelkultur* reproduit le processus de décomposition des sols forestiers. Les grands arbres perdent leurs branches inférieures, lesquelles tombent sur le sol où les champignons enclenchent le processus de pourriture : elles deviennent alors poreuses et retiennent l'eau, comme une éponge, la rendant disponible pour les plantes et d'autres formes de vie. Les feuilles mortes et les excréments d'oiseaux, de chauves-souris et de petits mammifères créent une couche d'humus sur les branches. On arrose la butte au minimum, pour éviter l'érosion du sol.

Orientation

Si l'on oriente la butte selon un axe nord-sud, on crée un côté ensoleillé et un côté ombragé, ce qui permet de cultiver des espèces très diverses sur une petite surface. Par exemple, la laitue et la roquette apprécient le versant le plus frais, alors que le haricot et le pois nains prospèrent côté soleil.

Sur un terrain en pente, la butte doit être dans le sens de la pente, et non dans celui des courbes de relief, pour que l'eau, en s'écoulant, irrigue également les deux côtés. Tenez compte des vents dominants : s'ils prennent la butte en travers, le côté sous le vent et la bande de terre à proximité seront abrités.

Si vous édifiez une butte sur une pelouse, prélevez les mottes de gazon et disposez-les sur les rondins, pour former une couche supplémentaire.

Culture de vivaces

Les vivaces basses aux racines superficielles conviennent fort bien pour ce type de culture, car elles ne risquent pas de bouleverser la butte. Au contraire, des espèces couvre-sol la consolident et réduisent l'érosion.

Côté soleil, cultivez le thym, le romarin rampant et d'autres aromatiques de même type. Côté ombre, plantez le fraisier des quatre saisons, la menthe et l'hosta (dont les jeunes pousses sont comestibles).

Peu à peu, les rondins pourrissent et la butte s'affaisse, mais reste fertile et donne de belles récoltes.

Si vous devez abattre un arbre pour gagner de l'espace, la *Hügelkultur* vous permet d'utiliser au mieux le bois. Vous pouvez aussi opter pour cette technique si vous décidez de transformer un arbre établi en têtard (voir p. 88).

ÉDIFICATION D'UNE BUTTE EN *HÜGELKULTUR*

1. Pour couper un petit arbre, utilisez une scie d'élagueur ou une scie à bûche et sciez près de la base du tronc, avant d'arracher la souche et les racines.

2. Recoupez le tronc en tronçons et rabattez les branches latérales.

3. Creusez une tranchée d'une profondeur égale au maximum à celle de la terre végétale du jardin, et d'une longueur et d'une largeur correspondant à celle de la butte désirée ; par exemple 2 x 0,60 m. Entassez toute la terre d'un côté.
Jetez dans la tranchée le tronc et les branches coupés, et ajoutez même les racines.

4. Recouvrez de part et d'autre de matières organiques, par exemple du fumier de ferme bien décomposé.

5. Entassez la terre dessus.
Tassez légèrement les flancs de la butte avec le dos la bêche, pour la consolider.

6. Installez des plantes adaptées. Le sommet de la butte, où l'eau s'écoule rapidement, convient aux aromates appréciant un bon drainage.

Quelles plantes ?

- Petits aromates, haricots et pois nains (côté soleil)
- Fraisiers des quatre saisons, menthes, hostas, salades (côté ombre)

Le paillage en couche

Il s'agit d'enrichir et d'améliorer le sol avec un minimum d'impact sur l'environnement existant. Une couche de paillage permet aussi de cultiver le jardin sans perturber la faune et la flore souterraines.

Intérêt de la technique

Le paillage en couche est un peu une planche surélevée à l'envers. Il permet de :

- Régénérer une planche sur laquelle vous avez cultivé une succession de plantes sur des années.
- Créer une nouvelle planche sur une zone en herbe.
- Cultiver un sol infesté de mauvaises herbes.
- Alléger la structure d'un sol compact.

Les avantages du paillage en couche

Cette pratique peut faire appel à différentes matières qui se décomposent plus ou moins vite, mais toujours pour une plantation immédiate. Elle élimine les mauvaises herbes existantes, empêche leurs graines de germer et améliore le sol sur le long terme.

Pour éradiquer les mauvaises herbes vivaces

Les vivaces robustes, comme les oseilles (*Rumex*), sont capables de traverser le paillage.

- Écartez le paillis du collet de la plante et extirpez-la avec un transplantoir – ou une fourche-bêche si ses racines sont profondes.
- Ramenez le paillis ou épandez-en du nouveau.
- Pour traiter ces mauvaises herbes, voir *Le compostage des vivaces*, p. 79.

UTILISATION DU CARTON POUR LE PAILLAGE EN COUCHE

1. **Étalez de grandes feuilles** de carton épais sur le sol.

2. **Pour empêcher les mauvaises vivaces** de traverser, les feuilles doivent se chevaucher sur 10 cm.

3. **Arrosez à l'arrosoir,** pour bien détremper le carton.

4. **Recouvrez d'une couche de 15 cm** de compost ou d'autres matières biodégradables, comme l'écorce broyée.

5. **Pour maintenir la couche** de carton sur la zone choisie, ceinturez-la par des planches à plat, maintenues par des briques ou des pierres (ou les deux).

6. **Installez** des plantes.

Les principes du compostage

Un bon jardinier fait du compost, car c'est le meilleur moyen de recycler les déchets du jardin et de précieux nutriments. Le compost de jardin fertilise le sol tout en améliorant sa structure. Et en le préparant vous-même, vous contribuez à diminuer le volume des déchets municipaux et à réduire les émissions de gaz à effet de serre.

Lorsque la matière organique est décomposée, vous obtenez une masse fibreuse et friable, qui sent bon : c'est le meilleur des fertilisants du sol.

Qu'est-ce que le compostage ?

C'est le processus par lequel les bactéries décomposent la matière organique sous une forme qui peut être assimilée par les végétaux. Il génère de la chaleur et peut atteindre une forte température, favorable à une décomposition rapide. Le tas doit avoir un volume d'au moins 1 m^3. Si vous n'avez pas la place pour un bac à compost de cette taille, vous pouvez envisager un lombricomposteur (voir p. 106).

Où placer le bac à compost ?

Dans un jardin en permaculture, le bac à compost, qu'il n'est pas nécessaire de visiter tous les jours, est en général placé en zone 2 (voir p. 13 et 30). Une position en bordure de zone 1 est idéale, parce que le bac est accessible depuis la partie consacrée aux plantes potagères.

Système à trois bacs

Si vous avez assez d'espace, disposez trois bacs côte à côte, chacun contenant des matières végétales à différents stades de leur décomposition.

Lorsque le système est bien établi, vous disposez de compost mûr dans le bac 3.

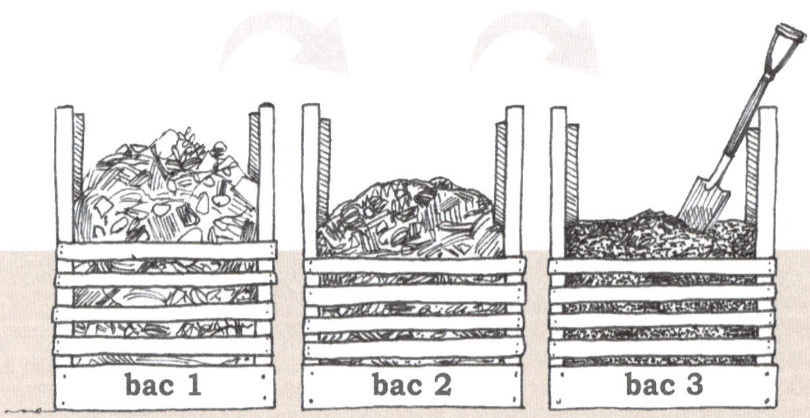

Remplissez le bac 1 de déchets végétaux.

Quand ceux-ci sont partiellement décomposés, **transférez-les dans le bac 2** et remplissez à nouveau le bac 1.

Lorsque le compost du bac 2 est mûr, **transférez-le dans le bac 3.**

On peut composter :

Matières vertes

- Tontes de gazon
- Plantes herbacées, y compris les mauvaises herbes annuelles
- Bouquets fanés
- Fruits
- Légumes
- Déchets de cuisine non cuits
- Litière de petits animaux domestiques végétariens (hamster, gerbille…)

Matières brunes

- Déchets de taille et de tonte des haies
- Feuilles
- Papier
- Carton
- Paille
- Tiges de plantes

On ne doit pas composter

Si toutes les matières organiques peuvent virtuellement être compostées, mieux vaut éviter les suivantes.

- Plantes malades – la température du tas n'est pas suffisante pour détruire complètement les organismes pathogènes.
- Plantes portant des graines – la température du tas n'est pas suffisante pour les empêcher de germer.
- Feuillages de persistants – ils sont souvent trop coriaces pour se décomposer rapidement.
- Rameaux ligneux – il faut trop de temps pour qu'ils se décomposent.
- Restes de plats cuisinés – ils attirent les rongeurs.
- Œufs, lait et tous les produits laitiers – ils attirent les rongeurs.

Certaines de ces matières peuvent être compostées dans le compost à chaud (voir p. 76) ou dans un lombricomposteur (voir p. 106).

Note :

Pour planter en pot, évitez d'utiliser du compost de jardin dans le mélange, car il contient trop de microbes. Et dans les limites d'un pot, sans la vie microbienne du sol pour les concurrencer et les réguler, ils peuvent se développer au point de devenir toxiques pour les plantes.

Trouver le bon équilibre

Dans l'idéal, il faut 50 à 75 % de matières brunes pour 25 à 50 % de matières vertes. Évitez une grosse quantité d'une matière verte spécifique, qui pourrait se compacter, empêcher la circulation de l'air et se transformer en masse froide et visqueuse. Mélangez la matière verte à la matière brune, pour favoriser l'aération et une décomposition uniforme.

Retourner le tas de compost

Pour accélérer le processus de décomposition, retournez le tas à la fourche une fois par mois, au printemps et en été – mais pas en hiver, car des hérissons et d'autres petits mammifères, et des crapauds et des grenouilles, peuvent s'y abriter. En été, attention aux orvets.

L'utilisation du compost au jardin

Le compost peut être utilisé :

- comme paillis au pied des plantes, en toute saison ;
- sur la terre nue, avant le repiquage de jeunes plants, que l'on effectue directement dans la couche ;
- mélangé à la terre, lors de la plantation d'un arbre ou d'un arbuste.

Rechargement du tas

Sur le tas de compost, vous pouvez ajouter des matières organiques toute l'année. Toutefois, la vitesse de décomposition varie selon leur nature et l'époque de l'année : elle est rapide en été et lente en hiver.

Autres avantages du compostage

La chaleur générée par le tas de compost en été permet de cultiver directement dessus des annuelles frileuses, en particulier le melon et des courges.

Il est possible d'édifier un gros tas de compost sous une serre-tunnel, de manière à éviter un trop grand refroidissement en hiver.

Les matériaux pour le compostage à froid

On peut intégrer au compost de nombreux déchets de la maison. La clé du succès, c'est d'y incorporer une grande variété de matériaux, alors qu'un élément trop dominant n'est pas favorable. Construisez de préférence le tas en couches successives minces et retournez-le régulièrement pour les mélanger intimement.

1. Tontes de gazon

Elles sont excellentes pour entretenir la chaleur dans le tas, mais forment une masse gluante si elles sont compressées. Après les avoir incorporées, retournez et mélangez le tas.

2. Fleurs coupées

Ajoutez-les dès qu'elles sont fanées.

3. Coquilles d'œuf

Écrasez-les finement. Elles sont lentes à se décomposer, mais apportent des minéraux. Les coquilles écrasées sont également utilisées pour dissuader les limaces (voir p. 193).

4. Tontes de pousses de conifères

Si les parties ligneuses sont trop longues à se décomposer, vous pouvez intégrer les jeunes pousses tendres, après les avoir hachées au sécateur.

5. Papier journal

Déchirez-le avant de l'intégrer. Il n'y a pas de souci à se faire concernant la toxicité de certaines encres, à condition d'incorporer une grande variété d'autres matériaux organiques.

6. Fruits

Compostez les épluchures et les trognons.

7. Feuilles mortes

Intégrez-les au compost à condition qu'elles ne soient pas malades. Elles représentent une matière abondante en automne, que l'on peut également utiliser en paillage (voir p. 78).

8. Carton

Il favorise l'aération du compost. Déchirez-le avant de l'intégrer. Les grandes feuilles de carton ondulé conviennent aussi pour le paillage en couche (voir p. 68).

9. Légumes

Compostez les épluchures, en évitant toutefois celles des pommes de terre, car elles peuvent être porteuses des spores de champignons responsables du mildiou.

Or liquide

L'urine est l'un des meilleurs activateurs de compost, et elle est gratuite !
Elle est riche en azote, qui favorise la décomposition. Elle est semble-t-il moins acide chez l'homme que chez la femme. On peut uriner directement sur le tas de compost, ou récupérer l'urine dans un récipient. Pour une meilleure diffusion, il est préférable de la diluer et de l'appliquer à l'arrosoir. Et cette pratique est économique en eau, puisqu'elle dispense de tirer la chasse.

1

2

3

4

5

6

7

8

9

Le ramassage d'autres matériaux pour le compost

Outre les déchets de la cuisine et du jardin, vous pouvez ramasser des matériaux extérieurs. En zone rurale, il y a des ressources pratiquement illimitées en fumiers animaux, que l'on peut trouver dans les prés de pâturage. En zone urbaine, il est possible de collecter des plantes au bord des routes. Et si vous allez vous promener à la campagne, emportez quelques sacs avec vous.

Les matériaux suivants peuvent tous être ajoutés au compost. Les fumiers animaux, en particulier, sont de bons activateurs et contribuent à élever la température du tas de compost, ce qui favorise le processus de décomposition.

Gants
Lorsque vous ramassez les fumiers animaux, portez des gants chirurgicaux, pour éviter les risques d'infection. Et lavez-vous les mains après coup.

Consoude

On la trouve au bord des routes et des chemins. Elle est largement répandue du printemps à l'automne, et elle est riche en nutriments. Les jeunes tiges prélevées au printemps, avant la floraison, contiennent beaucoup de potassium, alors que toute la plante est riche en azote quand les fleurs sont fanées. Elle est excellente sur le compost et peut aussi être utilisée pour préparer un engrais liquide (voir p. 82).

Fumier de mouton

Il est ferme et n'a pas beaucoup d'odeur. Il est riche en phosphore et en potassium, mais aussi en azote. On peut l'utiliser pour préparer un purin (macération), que l'on utilise comme engrais liquide (voir p. 82).

Fumier de bovin

La bouse de vache est facile à ramasser dans les prés quand elle est sèche. Elle n'est pas aussi riche en azote que d'autres fumiers animaux.

Fientes de poule

Ce fumier est riche en acide urique et très caustique. On le qualifie souvent de « chaud », car il peut brûler les plantes si on le met directement à leur contact. Mais c'est un excellent accélérateur de compost.

On le trouve en granulés (voir p. 84), très faciles d'emploi.

Note :
Les fumiers animaux contiennent souvent des graines de mauvaises herbes, non digérées par l'appareil intestinal. On les retrouve dans le compost et elles peuvent germer quand celui-ci est épandu. Toutefois, les plantules sont faciles à détruire (voir p. 198) et cet inconvénient est largement compensé par les bienfaits du compost.

Fumier de cheval

Avec un faible poids, il est excellent pour donner de la consistance aux sols légers. Il est riche en azote et il doit être préalablement bien décomposé, avant d'être incorporé au pied des plantes. Toutefois, la litière d'écurie, composée de crottin et de paille, est encore meilleure pour le compostage.

Le fumier de cheval est souvent entassé au coin des pâturages.

D'autres méthodes de compostage

On trouve des **composteurs à chaud** en polypropylène ou en d'autres matériaux synthétiques aux propriétés isolantes. Leur fabrication fait appel à des combustibles fossiles, mais on peut l'accepter étant donné leur intérêt écologique pour le recyclage des déchets.

Compostage à chaud

Cette technique permet de composter tous les déchets exclus du compostage à froid (voir p. 72). Les graisses sont souvent évacuées à l'égout, via les éviers. Elles y forment des « icebergs de graisse » qui bloquent les matières fécales, engendrant des risques sanitaires. Elles ne se décomposent pas sur un tas de compost à froid, mais on peut les incorporer dans un composteur à chaud, avec d'autres déchets de la cuisine, notamment avec les restes de plats cuisinés.

On utilise un bac à compost à parois épaisses, qui retiennent la chaleur. Il doit être inaccessible aux rongeurs et bien isolé, moyennant quoi il produira du compost toute l'année. Compte tenu de la chaleur générée, il est inutile d'introduire un accélérateur.

La température atteint 40 à 60 °C, c'est-à-dire suffisamment pour détruire les graines, et on peut donc y introduire des mauvaises herbes ayant fructifié. On peut y mettre aussi des plantes malades, car il élimine les germes pathogènes, et même les excréments des animaux domestiques.

Il n'est pas nécessaire de retourner le compost à chaud. On n'ouvrira donc le couvercle que pour introduire des matières fraîches, afin d'éviter les pertes de chaleur.

Où placer le composteur ?

Puisqu'il traite les déchets de la cuisine, mieux vaut le placer à proximité de la porte de cette pièce, à la limite des zones 0 et 1 (voir p. 13 et 30), pour pouvoir y accéder facilement en hiver.

Les avantages du compostage à chaud :

- Les matériaux compostables sont beaucoup plus nombreux.
- Le compost est obtenu plus rapidement.
- Il produit aussi du compost en hiver.

Aération et humidité

Pour obtenir un compost à texture idéale, ajoutez ces matériaux aux déchets de la cuisine du jardin :

- Copeaux et déchets de taille : ils aèrent le compost et maintiennent un taux d'oxygène élevé.
- Papiers déchirés et cartons : ils rééquilibrent le taux d'humidité interne du compost.

Compostage des déchets de toilette

L'urine humaine est utilisée telle quelle sur un tas de compost à froid (voir p. 72), mais les matières fécales des toilettes sèches doivent être compostées séparément. On obtient ainsi un fertilisant pour le jardin et on réduit la facture d'eau, en supprimant la chasse.

Pour faciliter le compostage, les toilettes doivent être surélevées. La chambre de compostage est divisée en deux bacs. Lorsque le premier est plein, les matières compostées sont transférées dans le second, et le premier peut être utilisé de nouveau.

Les toilettes sèches sont surélevées.

La création de toilettes sèches

Construisez un abri spécifique, dans un coin discret du jardin, de préférence sous de grands arbres, mais pas trop éloigné de la maison pour que le nettoyage soit facilité. Le siège doit être conçu de façon à permettre aux matières de tomber directement dans la chambre, au-dessous, sur le matériau de compostage.

Avant la première utilisation, introduisez un tas de compost (ou de terreau de rempotage) dans le premier bac. Après utilisation, couvrez les matières, également avec du compost. Un tuyau de ventilation évacue les odeurs. Vous pouvez utiliser du papier toilette ordinaire ou, si vous en trouvez, de la mousse.

Pour accélérer la décomposition, vous pouvez ajouter des vers de compost (voir *Fabriquer un lombricomposteur*, p. 106).

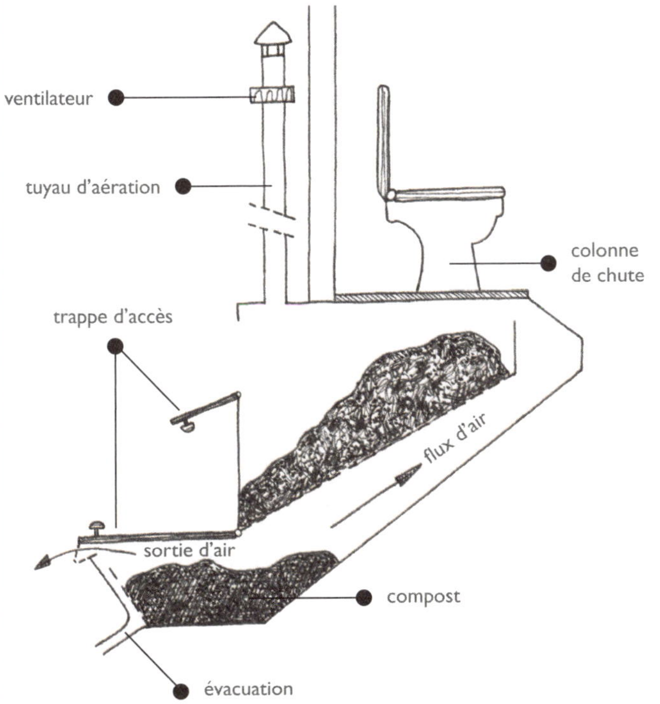

Note :

Le compost issu des toilettes sèches n'atteint pas toujours une température suffisante pour tuer les germes pathogènes. Le principe de précaution commande donc, pour éviter tout risque d'infection, de ne l'utiliser en paillage qu'au pied des plantes ornementales et des arbres fruitiers établis.

Le compost de feuilles

Préparé dans les règles, à partir des feuilles mortes, le compost de feuilles est le meilleur, car il ne contient pas de mauvaises herbes. Friable et sentant bon, il convient comme paillis, comme fertilisant en Hügelkultur *(p. 66), pour le paillage en couche (voir p. 68) ou pour enrichir les mélanges de rempotage.*

Dans un compost de feuilles, la décomposition n'est pas l'œuvre des bactéries, comme dans un tas de compost classique, mais celle des champignons. En ville, on peut ramasser des feuilles mortes dans les parcs et sous les arbres d'alignement, mais il faut vérifier qu'elles sont indemnes de déjections canines.

Fabrication du compost de feuilles

C'est un processus lent et il faut en général attendre 2 à 3 ans pour que le compost soit suffisamment décomposé pour être utilisé au jardin.

1. En automne, après la chute des feuilles, balayez-les avec un balai de cantonnier ou à gazon et ramassez-les dans un bac.

2. Transférez-les dans des sacs-poubelle spécial jardin.

3. Pratiquez des trous **à la fourche-bêche**, pour que l'air pénètre.

Placez les sacs dans un lieu frais et obscur et n'y touchez plus avant que le compost de feuilles soit prêt.

Autres techniques de préparation

Les feuilles se décomposent aussi en tas, à l'air libre, mais il leur faut plus longtemps. Pour éviter leur dispersion par le vent, entassez-les dans une cage improvisée faite de grillage à poules roulé en cylindre, placé debout et maintenu par des piquets ou des tuteurs de bambou.

Vous pouvez aussi faire un tas de feuilles dans un coin écarté du jardin, le recouvrir de film de paillage noir ou de vieux sacs à compost ouverts en deux, et maintenir le tout avec de grosses pierres.

Un souffleur à feuilles électrique peut être utile, notamment sur une petite surface. Poussez les feuilles dans un coin et ramassez-les à la main. Certains modèles sont aussi des aspirateurs, les feuilles étant récupérées dans un sac, avec parfois même un système de broyage.

Le compostage des vivaces

La permaculture ne considère pas les « mauvaises herbes » vivaces comme le jardinage traditionnel. Même si elles poussent à la « mauvaise » place, elles n'en font pas moins partie de l'écosystème du jardin, comme les plantes cultivées. Elles contribuent à la succession écologique et elles nourrissent et abritent une faune sauvage variée.

Lorsque vous arrachez une mauvaise herbe, vous extrayez en même temps la terre attachée aux racines, qui grouille de vie microbienne. On ne peut pas jeter sur le tas de compost (à froid) les vivaces, car elles y continueraient à vivre et à se multiplier, en utilisant les nutriments qui doivent servir aux cultures. Mais il y a d'autres manières de les traiter, pour maintenir et préserver l'écosystème.

TRAITEMENT DES MAUVAISES HERBES VIVACES

1. **Arrachez les plantes,** secouez-les pour faire tomber la terre et mettez-les en tas. Arrosez-les d'urine diluée à 50 %, pour **accélérer la décomposition.**

2. **Mettez-les** dans un sac-poubelle spécial jardin. Percez-le à la fourche-bêche pour que l'air pénètre. Fermez-le avec un lien et placez-le à l'ombre

3. **Ouvrez de temps en temps.** Si vous observez des signes de croissance des racines, refermez-le et attendez encore.

4. **Lorsque la décomposition est effective,** jetez le tout sur le tas de compost (voir p. 70).

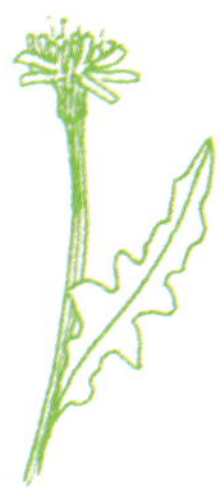

L'utilisation de la laine de mouton

Pour la permaculture, les moutons sont utiles parce que, contrairement à d'autres animaux d'élevage, ils ont un faible impact sur l'environnement. Ils peuvent paître sur des terres marginales et donnent du lait, de la viande et aussi de la laine.

Où trouver de la laine ?

Dans les régions d'élevage, on trouve de petites quantités de laine sur les fils barbelés de clôture et même au sol, dans les prés. On peut l'intégrer au tas de compost mais, en volume suffisant, c'est un matériau polyvalent qui trouve des utilisations variées.

La laine de mouton en paillis

- Étalez la laine autour des plantes pour dissuader les limaces, qui ne peuvent ramper sur une telle surface.
- La laine isole les plantes et tient leur souche au chaud. En hiver, elle les protège du gel.
- Cette matière organique qu'est la laine se décompose lentement, améliorant la texture et la fertilité du sol.

Note :
Cherchez la laine de mouton dans les prés, après la période de tonte. (On peut aussi utiliser un purin de laine de mouton ou d'un mélange de laine et de crottes.

Le purin de laine de mouton

Ramassez la laine dans la campagne.

Placez la laine dans un sac de jute.

Fermez le sac sans serrer, avec de la ficelle, puis immergez-le dans un grand seau d'eau. Après 4 à 6 semaines, vous obtenez une sorte de bouillie odorante, que vous pouvez diluer pour l'utiliser comme engrais liquide ou comme activateur de compost.

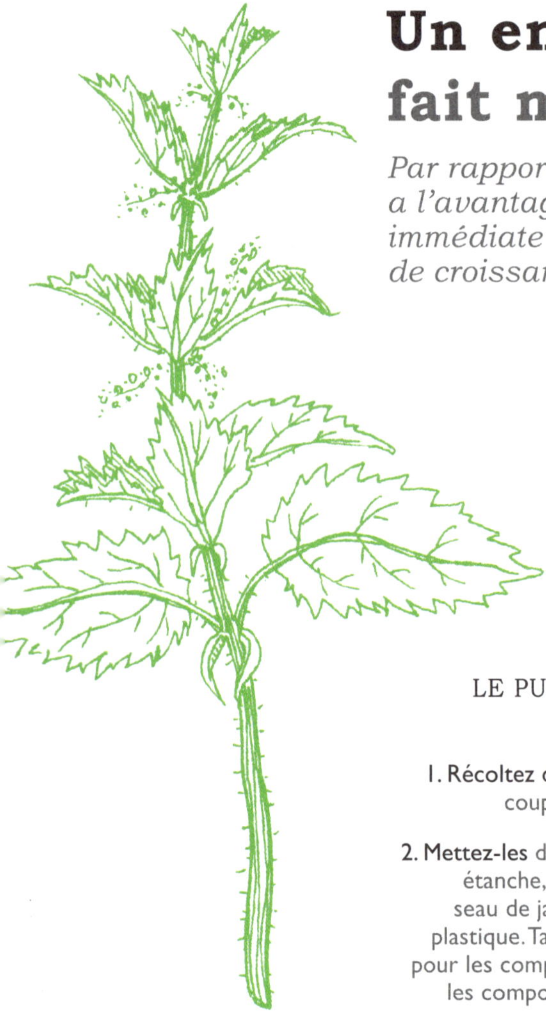

Un engrais liquide fait maison

Par rapport aux granulés et aux poudres, l'engrais liquide a l'avantage de mettre les nutriments à la disposition immédiate des végétaux. Appliquez-le durant toute la période de croissance, pour que les plantes soient plus fortes.

LE PURIN D'ORTIE

1. **Récoltez des orties** en les coupant au sécateur.

2. **Mettez-les** dans un récipient étanche, par exemple un seau de jardin en matière plastique. Tassez-les du pied pour les compacter et libérer les composants chimiques des feuilles.

3. **Remplissez ainsi le seau** d'orties presque à ras bord.

4. **Couvrez** d'eau entièrement.

5. **Placez une brique** ou un autre poids sur les orties, pour les maintenir sous l'eau.

6. **Après 6 à 8 semaines,** l'eau est devenue un purin brun, à l'odeur forte, riche en nutriments. Diluez-le largement (à au moins 90 %) dans l'eau et appliquez-le sur les plantes en arrosage. Ce purin est aussi un bon activateur de compost.

1

2

3

Avantages des engrais foliaires

Les engrais foliaires donnent un coup de fouet aux plantes. Ils sont utiles pour les revitaliser après une attaque d'insectes ou une maladie.

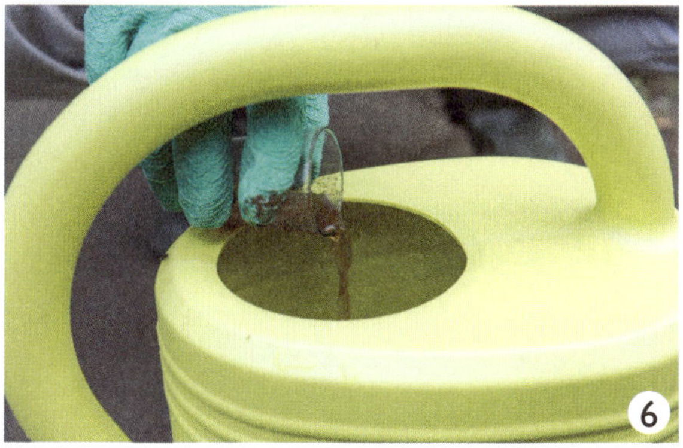

Utilisation de l'engrais liquide

1 Dilution de la macération

Il est difficile de quantifier exactement la teneur en nutriments des engrais liquides, comme d'ailleurs de tous les engrais organiques. Mais il est toujours préférable de beaucoup les diluer et de les appliquer de manière très régulière.

2 Sur les racines

Versez l'engrais liquide au pied de la plante, pour qu'il vienne baigner les racines. Arrosez à l'arrosoir, au goulot (sans la pomme).

3 En engrais foliaire

Lorsque la plante est bien développée, utilisez la macération en engrais foliaire. Appliquez-le par temps calme et couvert car, au soleil, il s'évapore rapidement et peut même brûler les feuilles. Arrosez à l'arrosoir (avec la pomme) en pluie fine, pour mouiller la totalité du feuillage.

Les orties sont très riches en nutriments favorables à la croissance des végétaux, mais d'autres plantes peuvent être utilisées. N'oubliez pas que les orties sont violemment urticantes : portez des gants.

Les engrais organiques

Le XXe siècle a intensément utilisé des engrais chimiques pour améliorer la croissance des plantes et les rendements, et l'industrie les a largement mis à la disposition des jardiniers. Mais la permaculture n'a recours qu'à des matériaux naturels qui favorisent la vie du sol dans sa totalité, et non pas simplement celle des plantes.

Qu'est-ce qu'un engrais organique ?

C'est un produit dérivé de plantes et de restes d'animaux morts, que l'on trouve aussi dans l'écosystème naturel. Il est impossible de quantifier exactement ses taux de nutriments. Il a pour finalité non de nourrir les plantes directement, mais de prendre soin du sol en alimentant la faune microbienne. On le qualifie souvent d'engrais à libération lente, parce qu'il passe par une phase de décomposition dans le sol, avant que les nutriments qu'il contient soient disponibles pour les plantes.

1. Poudre d'os

Les os désinfectés d'animaux morts sont réduits en poudre, laquelle libère lentement du phosphore. Mieux vaut l'appliquer en automne.

Sang séché, farine d'arête de poisson et corne broyée

Les engrais composés de ces trois éléments sont riches en azote. On les utilise essentiellement au printemps, pour assurer le redémarrage de la végétation, après la période hivernale de dormance.

2. Fientes de poule en granulés

Les granulés déshydratés sont plus faciles à manipuler que l'engrais de volaille venant directement du poulailler – qui peut, d'ailleurs, contenir des bactéries dangereuses pour les humains. C'est un engrais riche en azote que l'on épandra en surface au printemps. Mais ne l'utilisez pas au pied des plantes acidophiles.

3. Algues

Disponible surtout sous forme liquide, l'engrais d'algue ne nourrit pas les végétaux directement, mais favorise la vie microbienne du sol. Diluez-le avant de l'appliquer au pied des plantes ou en engrais foliaire. Il est riche en oligoéléments.

4. Cendres de bois

Qu'elles proviennent de la cheminée ou d'un feu de jardin, elles constituent une bonne source de potassium. Épandez-les au pied des arbustes à petits fruits au printemps et en été, pour favoriser la floraison et la fructification.

Note :
La poudre d'os (et les engrais composés qui l'intègrent) contient du calcium. Elle augmente donc légèrement le pH du sol. Ce n'est pas un problème, mais il faut l'éviter sur les plantes acidophiles si le sol du jardin est neutre ou même légèrement acide.

Les fertilisants liquides peuvent être appliqués au pied des plantes ou en pulvérisation foliaire, pour favoriser la croissance.

Bien utiliser les engrais organiques

- Pour que les cultures bénéficient au maximum des nutriments, appliquez ces engrais après une bonne pluie, lorsque le sol est mouillé.
- Saupoudrez le produit autour de la plante, puis griffez légèrement à l'aide d'une griffe à main.
- Incorporez aussi ces engrais lors de la plantation, pour un bon redémarrage des plants.

Précautions

- Évitez de surdoser les engrais azotés, ce qui favoriserait une croissance exubérante des jeunes pousses, les rendant plus sensibles aux maladies.
- Sur les plantes établies, n'apportez d'engrais qu'une fois par an. Et notez que les grands arbres n'ont pas besoin d'être fertilisés.

Les engrais verts

Ce sont des plantes à croissance rapide, semées pour couvrir la terre nue et en jachère. Ils empêchent la germination des mauvaises herbes, réduisent l'érosion (ce qui est important en zone ventée), conservent et apportent des nutriments, améliorent la structure du sol, favorisent la vie microbienne et retiennent l'humidité.

Les engrais verts forment une couverture dense qui empêche la germination des mauvaises herbes.

Le sarrasin est un bon engrais vert qui évite l'érosion des sols pauvres, particulièrement en zone ventée.

On trouve des graines d'engrais verts en mélange d'espèces.

Qu'est-ce qu'un engrais vert ?

C'est une plante cultivée, non pour être consommée mais pour protéger le sol et le rendre plus fertile. Le plus souvent, il apporte de l'azote et c'est pourquoi on le sème d'ordinaire avant la culture d'une plante exigeante sur ce plan.

Un semis d'engrais vert peut théoriquement être effectué à toute époque de l'année, sauf quand le sol est gelé. Si vous venez d'achever la récolte d'un légume, à la fin de l'été, et que la terre est nue, un engrais vert lui redonnera les nutriments consommés par la culture, et elle sera ainsi prête pour un nouveau semis, au printemps suivant.

Avantages de l'engrais vert

- Il forme une couverture basse et dense, qui dissuade les mauvaises herbes.
- Il aère le sol.
- Il apporte de l'azote.
- Il revitalise l'écosystème du sol.
- Il constitue une couverture qui protège la terre et l'isole, ce qui est particulièrement bienvenu en hiver.

SEMIS D'ENGRAIS VERTS

1. **Ameublissez le sol superficiellement**, en enlevant les racines de mauvaises herbes vivaces.

2. **Tassez légèrement**, pour que la surface soit plane.

3. **Semez de manière régulière**, à raison d'environ 30 g par mètre carré.

4. **Ratissez légèrement** pour incorporer les graines à la terre. On peut aussi semer en rayon, comme pour les plantes potagères (voir p. 166).

ENFOUISSEZ-LES !

Les engrais verts sont en général enfouis dans le sol avant qu'ils ne montent en graine. Selon l'espèce, l'opération intervient 40 à 90 jours après le semis. Coupez la plante au ras du sol et laissez-la se dessécher 1 jour ou 2, avant de l'enfouir superficiellement à la fourche-bêche. Ensuite, il faut attendre environ 2 semaines, afin que les feuilles enfouies aient le temps de se décomposer dans le sol, avant d'effectuer un semis ou un repiquage de légume.

Note :
Dans un potager intensément cultivé, il est bon de semer un engrais vert tous les 2 ou 3 ans, pour rééquilibrer le taux d'azote du sol.

Le choix du bon engrais vert

Sol lourd : automne

Vesce commune (*Vicia sativa*)
Féverole (*Vicia faba*)
Seigle (*Secale cereale*)

Sol sec et argileux : printemps et automne

Luzerne lupuline (*Medicago lupulina*)

Sol acide et humide : printemps et été

Trèfle hybride (*Trifolium hybridum*)

Sol pauvre : printemps et été

Sarrasin (*Fagopyrum esculentum*)
Lupin bleu (*Lupinus angustifolius*)

Sol léger : printemps et été

Trèfle incarnat (*Trifolium incarnatum*)

Tout type de sol : printemps et été

Fenugrec (*Trigonella foenum-graecum*)
Moutarde (*Sinapsis alba*)
Trèfle des prés (*Trifolium pratense*)
Luzerne (*Medicago sativa*)
Phacélie (*Phacelia tanacetifolia*)

Engrais verts pour zone tropicale

Niébé (*Vigna unguiculata*)
Pois sabre (*Canavalia ensiformis*)
Dolique pourpre (*Lablab purpureus*)
Pois d'Angole (*Cajanus cajan*)
Pois mascate (*Mucuna pruriens*)

N Fixation de l'azote

Pour la permaculture, les cépées et les têtards ont l'avantage de fixer l'azote dans le sol.

En effet, lorsque l'arbuste ou l'arbre est rabattu, l'extrémité des racines meurt, libérant de l'azote.
Les plantes poussant à proximité peuvent ainsi en profiter.

Aussi, dans un système bien géré, convient-il de recéper et de rabattre les têtards lorsque les plantes susceptibles d'en bénéficier sont sur le point de redémarrer, c'est-à-dire en mars-avril.

Fructification et floraison

Lorsqu'un arbuste ou un arbre a été recépé ou rabattu, il ne fleurit pas au cours de la saison qui suit. Il a en effet besoin de toute son énergie pour produire de nouvelles pousses.

C'est ainsi qu'un noisetier traité en cépée pour fournir des tuteurs aux plantes du jardin ne produira pas de noisettes en automne, et que les sujets rabattus chaque année ne donnent jamais de fleurs ni de fruits.

Espèces adaptées aux cépées et aux têtards

Ces espèces sont souvent utilisées dans les systèmes d'agroforesterie. Voir *Forêts nourricières*, p. 114, et *La taille en permaculture*, p. 180.

Cornouiller (*Cornus*)

Eucalyptus (*Eucalyptus*)

Saule (*Salix*)

Tilleul (*Tilia*)

Cédrela de Chine (*Toona*)

Apport d'azote par cépées et têtards

Les cépées et les arbres têtards sont des techniques traditionnelles, utilisées sur des arbres et des arbustes pour produire une récolte annuelle de rameaux fins et souples pour le tressage de paniers ou de clôture, ou le tuteurage des plantes.

LA CÉPÉE

Cette technique est pratiquée sur des arbustes, mais aussi sur certaines espèces d'arbres.

Après quelques années, la base s'épaissit et forme une masse ; les pousses peuvent devenir très denses. Pour rajeunir l'arbuste, effectuez une coupe propre, près du sol (recépage). Pour laisser l'arbuste prendre de l'ampleur, ne rabattez qu'une partie des rameaux, par exemple entre un tiers et la moitié.

Plantez un arbuste adapté ou un jeune arbre et laissez-le se développer 2 ou 3 ans.

1

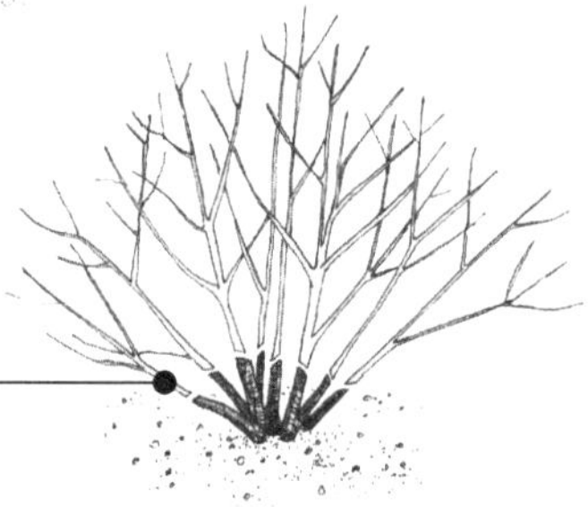

En mars, rabattez la totalité des tiges près du sol, en laissant des moignons de 10 à 20 cm. De même, un jeune arbre à tronc unique doit être rabattu près du sol, pour susciter le développement de plusieurs tiges.

2

Chaque tige produit ensuite une pousse vigoureuse. Chaque année, en mars-avril, coupez les jeunes rameaux près de la base afin de les utiliser comme tuteurs ou pour le tressage.

3

LES ARBRES TÊTARDS

Le principe est le même que pour la cépée, mais il s'agit cette fois de rabattre un arbre ayant développé un tronc unique. Outre la fixation d'azote et la production de pousses au printemps, cette méthode a l'avantage de réduire les dimensions d'espèces qui, autrement, pourraient prendre trop d'ampleur.

Si vous souhaitez un arbre à large couronne, rabattez seulement un tiers à la moitié des branches, et coupez le reste l'année suivante.

1

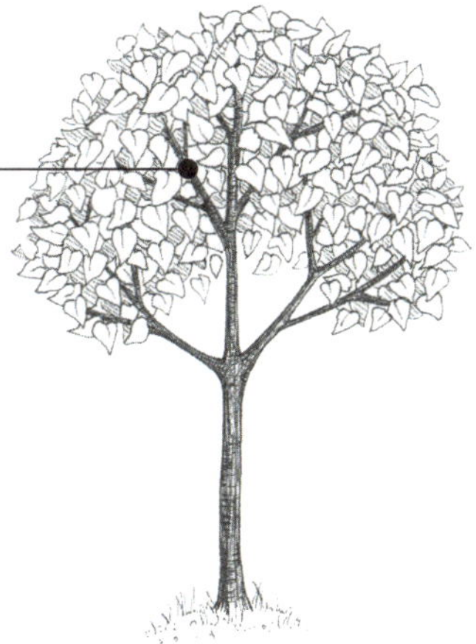

Plantez un arbre (voir p. 178) et laissez-le se développer naturellement et étaler sa ramure.

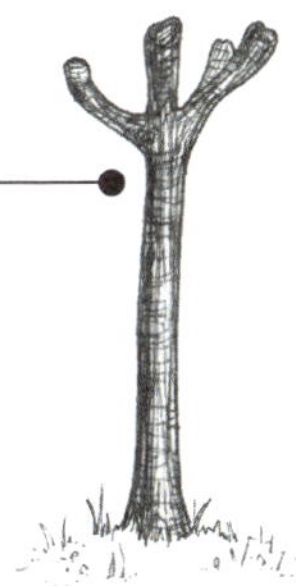

Lorsque le tronc a atteint la hauteur désirée, c'est-à-dire 1,2 à 2 m, coupez toutes les branches en mars-avril. Il est possible soit de les rabattre au ras du tronc (tête unique), soit de laisser un moignon sur chaque branche maîtresse (têtes multiples).

2

3

De nouvelles pousses apparaissent rapidement au niveau de la coupe. Selon le type de rameaux souhaités, on peut les rabattre chaque année, tous les 2 ans ou même tous les 5 ans.

Chop & drop

On appelle ainsi une technique utilisée en agroforesterie, notamment en zone tropicale, en particulier pour créer des passages dans des zones de végétation dense. *Chop and drop* signifie « hacher et jeter ».

- À l'aide d'une serpe, coupez les branches basses d'un arbre.
- Hachez-les en courts tronçons et jetez-les sur place, à la base de l'arbre, en guise de paillis.

Le meilleur des deux mondes

Dans un verger mixte établi, comptant plusieurs noisetiers, le rabattage en cépée peut être alterné sur un cycle de 3 ans (et plus).

- Chaque année, ne rabattez qu'un tiers des sujets, sans toucher aux autres.
- L'année suivante, passez au second groupe, en laissant le premier donner des noisettes.
- La troisième année, passez au troisième groupe, et ainsi de suite.

La récupération de l'eau de pluie

La terre stocke l'eau naturellement, et elle est donc disponible pour les plantes. L'amélioration du sol avec des matières organiques augmente sa capacité de rétention. Cependant, les précipitations ne sont pas toujours suffisantes pour entretenir cette humidité souterraine à la hauteur des besoins des plantes.

De simples récipients, dans le jardin, récupèrent l'eau de pluie.

Apports d'eau

Les plantes ont besoin d'arrosages spécifiques, surtout quand elles sont jeunes. Pour économiser l'eau de la distribution, récupérez autant d'eau de pluie que possible, afin d'arroser par temps sec.

Pour éviter d'avoir à remplir l'arrosoir, utilisez une petite pompe immergée dans le réservoir, en la raccordant à un tuyau.

Récupération d'eau de pluie

La pluie ne tombe pas seulement sur le jardin, mais aussi sur la maison, l'appentis, la cabane à outils et la serre, et elle est en général évacuée vers un égout ou un puits perdu.

Il est possible d'en récupérer une bonne partie au moyen de tonneaux et de réservoirs (récupérateurs), raccordés à une descente de gouttière au moyen d'une dérivation, que l'on trouve en magasin de bricolage.

L'installation du récupérateur

Posez-le sur une base solide, et non directement sur la terre. Comme il est très lourd quand il est plein d'eau, il est nécessaire, pour votre sécurité, de le fixer sur la paroi. Mieux vaut le placer à l'ombre, pour éviter l'évaporation durant l'été.

Une fois le récupérateur plein, l'eau s'écoule théoriquement vers l'égout. Pour éviter de la perdre, il est possible de raccorder un second récupérateur au premier.

Entretien hivernal

En hiver, quand vous n'avez pas besoin d'arroser, videz le récupérateur et nettoyez-le soigneusement. Par temps de gel, assurez-vous qu'il est vide, ou presque. S'il est plein, la dilatation de la glace pourrait le briser.

La descente de gouttière remplit le récupérateur.

Dérivation de gouttière

Une crépine, au début de la descente, empêche le passage des feuilles mortes. Elle évite le bouchage de la dérivation. Démontez-la périodiquement et débarrassez la gouttière des feuilles et des déchets.

Les récupérateurs sont en matière plastique rigide. Un couvercle étanche évite que s'y accumulent les feuilles mortes et autres déchets, et que les insectes s'y noient. Un robinet, à la base, permet de remplir facilement l'arrosoir.

Si vous avez besoin de beaucoup d'eau, raccordez un second récupérateur, qui se remplira dès que le premier sera plein.

Vous pouvez aussi récupérer de l'eau de pluie en plaçant des réservoirs ici et là dans le jardin et même, quand de fortes pluies sont annoncées, des seaux sur les zones pavées et les terrasses. C'est un moyen simple de faire des réserves d'eau supplémentaires.

Recyclage des eaux grises

L'eau est suffisamment précieuse pour que l'on s'efforce de minimiser les pertes. Ainsi, vous pouvez utiliser au jardin des eaux d'évacuation de la maison faiblement polluées, que l'on appelle les « eaux grises ».

Définition des eaux grises

Ce sont les eaux usées de la maison, à l'exception de celles qui proviennent des toilettes – les eaux noires. Il s'agit donc des eaux issues de la douche, de la baignoire, de la lessive ou de la vaisselle. Toutefois, si vous utilisez des détergents chimiques, mieux vaut éviter celles qui sortent des machines. En revanche, si vous lavez avec des produits biodégradables et écologiques, vous pouvez les recycler. Les eaux grises sont souvent chaudes et il faut les laisser se refroidir avant de les verser sur les plantes.

Système de récupération des eaux grises domestiques

Cette installation d'évacuation envoie les eaux grises vers une cuve, située au sous-sol ; elles sont ensuite directement dirigées vers un système d'irrigation enterré souterrain, qui doit être conçu pour alimenter en priorité les végétaux exigeants en eau, comme les arbres et arbustes fruitiers.

Toutefois, vous pouvez aussi récupérer les eaux grises pour le jardin avec une installation plus simple.

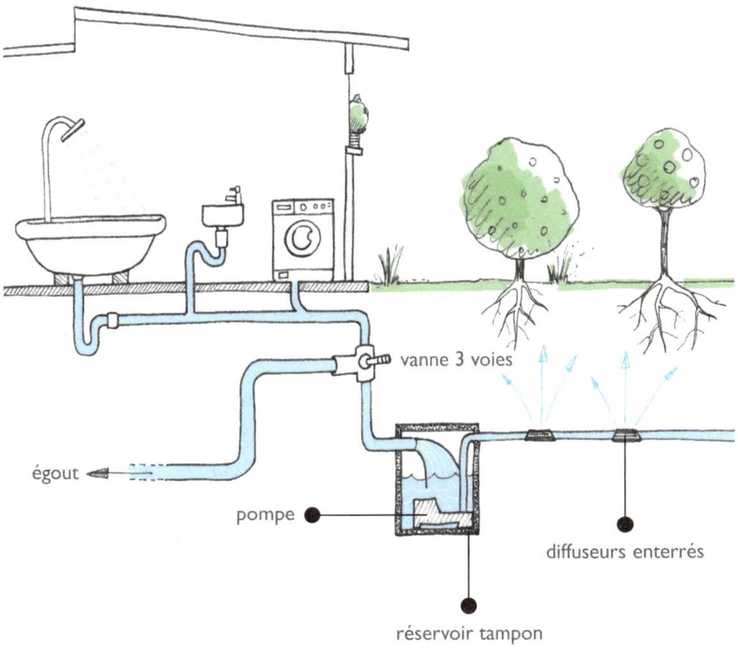

La collecte des eaux grises

- Après un bain, à l'aide de seaux.
- On peut aussi siphonner l'eau d'une baignoire dans un récipient, avec un petit tuyau.
- Placez un seau (ou plus) dans la douche, pour recueillir un maximum d'eau.
- Lavez-vous les mains dans un récipient et utilisez l'eau directement pour arroser.

Utilisation des eaux grises

Laissez-les refroidir

Les eaux chaudes peuvent véhiculer des bactéries. Une fois refroidies, versez-les sur les plantes.

Plantes ornementales

Utilisez les eaux grises pour arroser les annuelles à fleurs, les vivaces, les plantes de haie et les pelouses.

Plantes ligneuses

Arrosez avec des eaux grises celles qui ont de gros besoins, notamment les arbustes et les arbres fruitiers, et bien entendu surtout en été, quand il fait sec.

Précautions

- Les eaux grises conviennent moins pour le potager, notamment pour les légumes-feuilles auxquels elles peuvent donner un « goût », ou pour les légumes-racines, parce que les produits de nettoyage peuvent pénétrer les tissus végétaux.
- Les eaux de vaisselle qui contiennent des détergents et des graisses doivent être évitées sur les plantes comestibles. Versez-les en revanche sur les autres espèces, dès qu'elles ont refroidi.

Règles à respecter pour bien arroser

1

Sélectionnez

N'arrosez que les plantes qui en ont vraiment besoin.

2

Arrosez le soir

En soirée, à la fraîche, l'eau s'évapore moins rapidement et elle est donc largement disponible pour les plantes.

3

Arrosez le sol

Versez l'eau non sur les feuilles, mais immédiatement autour du pied de la plante, pour que l'eau profite aux racines.

Réduire vos besoins en eau

La permaculture cherche à tirer le meilleur parti des ressources naturelles et il convient donc de ne pas les gaspiller. Certaines méthodes culturales simples permettent de réduire notablement les apports, sans que les plantes en souffrent le moins du monde.

Tous les végétaux ont besoin d'eau pour vivre et, s'ils en manquent, ils souffrent. Les feuilles se fanent et tombent, les fleurs et les fruits se raréfient et avortent, et la plante elle-même devient plus sensible aux maladies et aux attaques de parasites. Les légumes-feuilles comme les salades, les épinards et les choux ne donnent qu'une piètre récolte et fleurissent et montent en graine (c'est ce que l'on appelle la « montaison »). Dans les cas extrêmes, les plantes meurent.

Les plantes ont surtout besoin d'eau :

- Quand elles sont très jeunes, pour croître vigoureusement*.
- Immédiatement après la plantation, pour qu'elles s'établissent rapidement.
- Après un déplacement, pour réduire le choc de la transplantation.
- Après une taille, pour se régénérer sans délai.

* Les plantules élevées sous verre doivent être arrosées avec l'eau de distribution. L'eau de pluie et les eaux grises recyclées peuvent contenir des microbes, dangereux pour ces plantes encore fragiles.

Pour réduire la facture d'eau

Pour diminuer votre consommation d'eau :

- INCORPOREZ DES MATIÈRES ORGANIQUES AU SOL – elles accroissent sa capacité de rétention.
- PAILLEZ – pour réduire l'évaporation en surface.
- OMBREZ – pour éviter que le soleil ne dessèche les plantes trop rapidement (ce qui est particulièrement à craindre pour les jeunes plants et les sujets transplantés).
- ABRITEZ LE JARDIN DU VENT – qui dessèche les plantes et érode le sol.
- CHOISISSEZ DES ESPÈCES RÉSISTANTES À LA SÉCHERESSE – qui se passent volontiers d'eau.

Favoriser l’établissement des jeunes sujets

Pour réduire les besoins en eau des arbustes et arbres nouvellement plantés, utilisez une forme simplifiée du paillage en couche (voir p. 68).

Le carton ondulé épais utilisé pour les emballages ou le transport des fruits et légumes est le plus indiqué.

1. Juste après l’implantation et un premier arrosage, placez des morceaux de carton ondulé autour de la base du sujet.

2. Mouillez largement le carton pour qu’il soit bien en contact avec le sol et pour accélérer sa décomposition.

Vous pouvez aussi planter des arbres sur un léger monticule, avec une cuvette pour collecter l’eau (voir *Planter un arbre*, p. 179).

3. Recouvrez le carton d’une bonne couche de matière organique – compost de jardin, fumier bien décomposé, paille –, en couronne autour du pied. Par la suite, arrosez directement au pied de la plante, à l’intérieur de la couronne, à l’arrosoir et au goulot.

Le paillis

Un bon paillis réduit considérablement la nécessité des apports d'eau, tout en fertilisant efficacement le sol.

Le gravier est un paillis efficace pour réduire l'évaporation du sol.

Qu'est-ce qu'un paillis ?

C'est une couche de matière que l'on dispose autour des plantes pour conserver l'humidité. On peut pailler les plantes individuellement, en couronne, ou pailler toute une planche de culture, avant la plantation. Un paillis peut être organique ou non organique.

Il a pour effet majeur d'éviter que l'eau se trouvant dans le sol ne s'évapore. Pour qu'il soit encore plus efficient, appliquez-le immédiatement après de fortes pluies ou un bon arrosage.

Un broyeur électrique permet d'obtenir un excellent paillis de rameaux ligneux (BRF).

Les bonnes époques pour pailler

Printemps

Un paillis est utile en n'importe quelle saison mais, au printemps, il a l'avantage de donner une plus grande vigueur aux plantes.

Été

Une seconde application est judicieuse, par exemple en juillet, surtout si une période de sécheresse est annoncée et si le sol est suffisamment humide. Sinon, arrosez généreusement avant de pailler.

Organique ou non organique

Paillis organique

La paille est un paillis polyvalent. Utilisez-la dans la fraiseraie, pour que les fruits ne soient pas souillés, et autour des pieds de pommes de terre, pour éviter que les tubercules ne verdissent.

Avantages :

1 Tout en réduisant l'évaporation, un paillis organique améliore la qualité du sol. Il se décompose graduellement et est absorbé par la terre, entraîné dans la couche superficielle par les eaux pluviales ou par les vers de terre et les autres organismes du sol.

2 Un paillis organique nourrit le sol, et non directement les plantes. Vous pouvez le renouveler régulièrement, sans craindre le surdosage.

Parmi les paillis organiques :

- Compost de jardin
- Compost de champignons
- Paille
- Copeaux de bois
- Fumiers animaux
- Compost de feuilles

Paillis non organique

Un paillis de pierres concassées blanches autour d'espèces aromatiques méditerranéennes, comme cette lavande, réfléchit la lumière sur les plantes, créant autour d'elles un microclimat chaud.

Avantages :

1 Un paillis non organique de pierres, de poudre ou d'un autre matériau non biodégradable prévient aussi l'évaporation du sol, mais sans fertiliser celui-ci. Toutefois, il s'incorpore peu à peu à la terre, améliorant le drainage, ce qui est bénéfique en sol lourd.

2 Un paillis de gravier chauffe au soleil, réfléchit la chaleur sur les plantes, la stocke et la restitue pendant la nuit, en réduisant l'écart de température. Il est bénéfique aux plantes méditerranéennes comme le romarin, la lavande ou la sauge, qui aiment la chaleur.

3 Le paillis forme en outre un « collier » autour des plantes, évitant une stagnation de l'eau à leur pied et la pourriture des racines, à laquelle sont sujettes les espèces de lieux secs.

Parmi les paillis non organiques :

- Pierres
- Galets
- Gravier de marbre ou d'autres roches

Fabriquer un pot à réserve d'eau

Les jeunes plantes issues de semis, comme d'ailleurs tous les sujets cultivés en pot, ont besoin d'arrosages réguliers. Cependant, en général, l'eau traverse rapidement le mélange terreux, s'écoule par le trou de drainage et se perd, surtout si le pot est posé sur une tablette de serre ou sur une terrasse.

Ce système permet d'éviter les arrosages trop fréquents. Il suffit de remplir le réservoir quand il est à sec. Les pots à réserve d'eau vous permettent en outre de vous absenter quelques jours sans vous inquiéter pour vos plantes, même s'il n'y a personne pour les arroser.

Ce type de pot convient bien aux jeunes plants qui viennent d'être repiqués en godets individuels, en attendant la mise en place au jardin. La mèche et le réservoir assurent une humidification régulière du mélange terreux. Vous n'avez donc pas à craindre le « coup de sec », qui peut être fatal aux jeunes sujets, encore fragiles.

1

2

1. **Coupez la partie supérieure** d'une bouteille en matière plastique transparente et jetez le bouchon.

2. **Coupez la base** de la bouteille, qui va constituer le réservoir.

3. Procurez-vous une bande de tissu de coton, qui va **former la mèche.** Renversez le haut de la bouteille sur la base et faites passer la mèche dans le goulot de la bouteille, pour qu'elle dépasse de 5 cm dans le réservoir.

4. **Placez un plant** en godet dans le récipient et insérez le bout libre de la mèche dans la terre, sur 3 cm. **Remplissez la base d'eau.** Celle-ci ne touche pas le godet, mais la mèche assure une humidification régulière de la terre.

3

4

Plantes sous serre

Vous pouvez adapter cette technique pour des plantes plus volumineuses cultivées en pot, comme le poivron, le piment ou la tomate, notamment sous serre-tunnel où l'eau s'évapore très rapidement par temps chaud.

- Placez les pots au-dessus de plateaux remplis d'eau.
- Insérez des mèches de coton (2 ou 3 par pot), de manière qu'elles trempent dans l'eau et s'enfoncent dans la terre de culture.

Récupérer et reconvertir les déchets ménagers

Si les déchets organiques peuvent être compostés, les poubelles contiennent un volume phénoménal d'autres éléments qui finissent dans les incinérateurs ou posent de gros problèmes aux services spécialisés. Leur élimination est difficile, lente, et peut polluer l'atmosphère en créant des gaz à effet de serre. En outre, les matières plastiques ont constitué le « sixième continent » et mettent en danger la vie aquatique.

L'un des objectifs de la permaculture est la réduction massive des déchets. Or beaucoup d'entre eux peuvent être reconvertis dans les jardins.

Recyclage ou reconversion

Recyclage

C'est l'utilisation des matériaux constitutifs des objets pour en créer d'autres. Ainsi, les métaux sont couramment recyclés par l'industrie, de même que le verre, souvent transformé en fibre de verre. Mais à cause de leur structure moléculaire, les matières plastiques sont difficiles à recycler et donnent des matériaux aux usages limités.

Reconversion ou récup'

C'est le réemploi d'un objet tel quel, pour un usage différent. Ainsi, on récupère et on lave des bocaux à confiture et d'autres récipients en verre pour le stockage. Ils conviennent bien pour conserver des graines et des plantes aromatiques sèches. Les récipients en matière plastique sont fragiles, mais on peut les réutiliser avec un peu d'imagination. Les pots à couvercle étanche (de crème fraîche par exemple) permettent eux aussi le stockage et le rangement.

Utilisation des déchets ménagers au jardin

Les emballages « perdus » en matière plastique peuvent être sauvés de la poubelle à bon escient.

Un support tripode

En coiffant trois tuteurs en bambou avec une bouteille plastique, on obtient un support tripode, sans avoir besoin de les attacher. En outre, la bouteille évite au jardinier d'être blessé, notamment aux yeux, par l'extrémité du tuteur. Et elle réfléchit la lumière, ce qui éloigne les oiseaux.

Contre les oiseaux

Les blettes et d'autres légumes-feuilles sont recherchés des oiseaux, qui viennent les becqueter. Placez des bouteilles en plastique à la renverse sur de gros tuteurs et tendez dessus un filet protecteur.

Barrières anti-limaces

Coupez le fond des bouteilles et des récipients en matière plastique pour en faire des colliers autour des jeunes plantes. Ils les protégeront du froid et surtout empêcheront les limaces, mais aussi les souris et les oiseaux, de venir les dévorer.

Une mini-cloche

Les cloches traditionnelles en verre protègent les plantes contre le froid et les ravageurs. Mais il est possible d'en improviser en coupant en deux des bouteilles en plastique. Le fond peut être utilisé, mais la partie supérieure est plus adéquate, car vous pouvez retirer le bouchon la journée, pour que la plante s'aère, et le revisser la nuit, comme protection contre le froid.

- Lavez une bouteille en plastique et décollez les étiquettes.
- Coupez la bouteille en deux avec des ciseaux.
- Placez la partie supérieure sur de jeunes plants, pour les protéger contre le froid.

Utilisez aussi la base de la bouteille, avec un pot de même diamètre, pour créer une mini-serre destinée aux plantules et aux boutures. S'il s'agit d'une grande bouteille, coupez-la en trois et utilisez la partie centrale comme collier de protection (voir page ci-contre).

Boîtes de conserve

Ces BOÎTES EN MÉTAL sont recyclées par l'industrie. Au jardin, on peut les utiliser pour supporter des filets anti-oiseaux (voir page ci-contre) ou des hôtels à insectes (voir p. 142).

Film à bulles

Le FILM À BULLES est couramment utilisé pour l'emballage de produits fragiles. Comme le polystyrène, c'est un bon isolant pour les pots : coupez-le en bande, enroulez-le autour des pots et fixez-le avec de l'adhésif.

Polystyrène

Léger mais solide, le POLYSTYRÈNE est un matériau d'emballage généralement non recyclé, sauf dans certaines villes où il est collecté à part.

Très isolant, il est utile pour protéger des plantes en pot durant l'hiver (voir p. 136) et, au printemps, de jeunes plants non encore parfaitement « endurcis » (voir p. 167).

À récupérer également

- Accrochez de vieux CD, DVD et BACS ALIMENTAIRES EN ALUMINIUM sur des bambous plantés dans le jardin, pour effaroucher les oiseaux.
- Faites un trou dans un BOUCHON DE LIÈGE pour le planter au sommet d'un tuteur afin d'éviter de vous blesser, notamment aux yeux. Des boules d'argile modelée joueront le même rôle.
- Au couteau, percez 3 trous dans une vieille BALLE DE TENNIS et enfoncez-y 3 tuteurs, pour réaliser un tripode pour grimpantes.
- Des CONTENEURS EN PLASTIQUE RIGIDE (pots à peinture) conviennent comme pots pour cultiver des plantes. Pratiquez des trous dans le fond pour le drainage.
- Les BARQUETTES EN PLASTIQUE pour fraises et autres fruits serviront de germoirs (voir p. 108). Et les plateaux en polystyrène constituent une bonne isolation pour les racines.
- Les VAPORISATEURS pour vitres ou autres surfaces font de bons brumisateurs pour les jeunes semis sous verre. Mais lavez-les bien pour éliminer toute trace du produit d'origine.

Fabriquer un châssis vitré

Il suffit de quelques planches de bois, éventuellement récupérées sur une palette, pour construire un châssis de jardin.

Les palettes destinées à la manutention des marchandises sont faites d'un bois en général de qualité inférieure et sont souvent jetées. Il est facile de s'en procurer, gratuitement ou pour une somme modique. Comme le bois n'est pas traité, il se détériore assez vite, en quelques années. Vous pourrez alors le brûler, le broyer pour le composter ou l'utiliser en revêtement d'allée.

Qu'est-ce qu'un châssis vitré ?

Composé d'un coffre recouvert d'un vitrage, il est utilisé pour protéger les jeunes plants et les semis contre le froid. On retire le vitrage pendant la journée et on le remet en place la nuit. Dans les périodes de froid, laissez-le sur le coffre toute la journée, ou soulevez-le seulement quelques minutes pour permettre l'aération.

Comme un tel châssis ne tient guère de place, on peut en disposer un à proximité de la porte de la cuisine pour y faire hiverner les plantes aromatiques ou cultiver quelques salades et autres légumes-feuilles, surtout si l'on dispose d'un tunnel ou d'une serre non loin de la maison.

Lorsqu'une gelée nocturne est annoncée, recouvrez le vitrage d'un vieux tapis ou même d'une bonne couche de journaux, maintenue par des pierres ou des briques. Vous pouvez laisser cette protection en place toute la journée si le gel persiste car, quand il fait très froid, les plantes ne poussent pas et n'ont pas besoin de lumière.

Châssis improvisé

Un bac en polystyrène peut faire un excellent châssis pour de petites plantes. Il suffit de le recouvrir d'une vitre.

1

2

3

4

Fabrication d'un châssis avec une palette

1. **À l'aide d'un burin** et d'un marteau, démantelez une palette pour récupérer les planches.
Sélectionnez des planches de mêmes dimensions. Arrachez les clous à la tenaille.

2. **Pour la base du châssis**, coupez une planche en deux. Assemblez en bout une demi-planche à une planche entière, avec des clous en inox – le bout de la grande planche recouvre celui de la petite.

3. **Assemblez de même la deuxième**, une autre demi-planche et une autre planche entière, pour fermer le rectangle.

4. **Pour renforcer le châssis**, dans un tasseau de 25 x 25 mm, coupez des montants d'une longueur égale à deux fois la largeur de la planche, moins 3 ou 4 cm. Clouez-les dans les angles rentrants.

5. **Pour créer une pente**, tracez le milieu d'une planche (perpendiculaire à la longueur).

6. **Marquez un point** à environ 1/8e de la longueur de ce segment. Reliez ce point aux deux angles de la planche les plus proches (tracés de coupe). **Coupez** à la scie **en suivant ces tracés**.

7. Au-dessus de chacun des longs côtés du châssis, **clouez une longue planche** sur les montants. Placez les deux coupes obtenues sur les petits côtés, en les clouant également. Ainsi, la face avant joue le rôle de butée pour le vitrage.

8. **Placez une vitre** sur le châssis.

À l'annonce de gelées nocturnes, **couvrez le châssis** d'un vieux tapis ou d'une couche épaisse de carton.

Créer des godets biodégradables avec du papier journal

Le papier journal trouve bien des applications. Vous pouvez le déchirer pour en faire un excellent paillis autour des pommes de terre et des fraisiers, l'utiliser pour le compostage ou le lombricompostage, et également en faire des godets qui se dégradent dans le sol et laissent passer les racines, ce qui permet d'éviter les godets en matière plastique, issus de l'industrie du pétrole.

Godets en papier

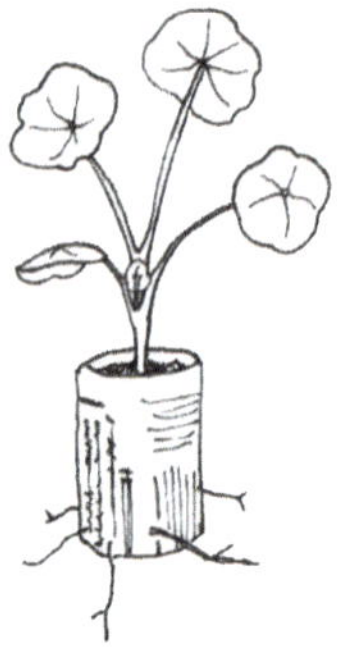

Ils sont tout indiqués pour les jeunes sujets, en particulier ceux qui supportent mal le choc de la transplantation, lors de la mise en place au jardin.

- Sélectionnez des graines suffisamment grosses pour être semées individuellement : pois, haricot, pois de senteur (*Lathyrus odoratus*) ou capucine (*Tropaelum*).
- Après la germination, laissez les sujets se développer jusqu'à ce que les racines traversent le papier journal.
- Mettez en place les plantes avec le godet de papier, ce qui évite de déranger les racines. Le godet va rapidement se dégrader et disparaître.

D'autres pots biodégradables

En jardinerie, on trouve des godets en pulpe de papier, également biodégradables. Vous pouvez aussi utiliser d'autres godets en matériaux naturels : fibre de coco, fibre de bambou, paille compressée, balle de riz et même fumier de vache composté.

Il existe aussi des godets biodégradables en tourbe, mais mieux vaut les éviter puisqu'il s'agit d'une ressource non renouvelable (voir p. 132).

Un Paper-Potter© (ou Pot Maker©) ne coûte pas cher. Il peut être utilisé pour créer des godets de deux tailles différentes.

Fabriquer des godets en papier avec un Paper-Potter© ou Pot Maker©

1. **Coupez une bande double de papier journal** d'une longueur suffisante pour être enroulée sur le « pilon » de bois avec un chevauchement de 2 cm – et plus large que la longueur du pilon de 3 cm.

2. **Repliez la marge** sur le bout du pilon.

3. **Engagez le pilon dans le pot** et pressez fortement en tournant pour former le fond du godet.

4. **Retirez le pilon** et sortez le godet moulé avec précaution.

5. **Remplissez les godets** de terreau à semis. Placez-les côte à côte dans un bac, pour qu'ils restent droits. Semez une graine dans chacun.

Pour obtenir des pots plus solides, utilisez davantage de bandes de journal.

5

Arrosez les graines semées régulièrement, mais avec mesure, à l'aide d'un pulvérisateur – éventuellement recyclé à partir d'un modèle pour produit d'entretien. Il faut brumiser les plantules, et non les noyer.

Fabriquer un lombricomposteur

Cette méthode très efficace de fabrication du compost repose sur l'activité de certains vers de terre.

Les lombrics

Les lombrics que l'on trouve en général dans le compost ne doivent pas être utilisés dans les lombricomposteurs, parce que ce sont des vers du sol. Il faut recourir aux services des vers rouges, ou vers tigrés (*Eisenia fetida*), que l'on trouve dans le fumier et la matière organique en décomposition, et qui sont recherchés comme appâts pour la pêche. On peut les acheter sur Internet ; ils sont livrés dans une boîte biodégradable que l'on dépose simplement sur le compost, avec les lombrics à l'intérieur.

Un lombricomposteur :

- Tient moins de place qu'un tas de compost classique.
- Permet de composter une plus grande diversité de matériaux qu'un tas de compost.
- Produit aussi un « jus » que l'on peut utiliser comme engrais liquide.
- Donne un compost idéal pour les pots et les bacs.

Isolation d'un lombricomposteur en hiver

Elle est nécessaire pour maintenir les lombrics en vie, alors qu'ils sont moins productifs. Enveloppez le lombricomposteur dans du film à bulles ou de la toile de jute, ou mettez-le dans un appentis ou un garage. Dans une serre-tunnel, les vers continuent à produire si la température est suffisante. On peut aussi garder le lombricomposteur toute l'année à la cuisine, où il est plus facile à ravitailler.

Que peut-on composter ?

Tous les déchets que l'on composte à froid (voir p. 72) peuvent aussi aller dans un lombricomposteur, et vous pouvez en outre les compléter avec des plats cuits, notamment le poisson, la viande et les légumes, et des produits laitiers (déconseillés sur le tas de compost à froid).

Toutefois, évitez les zestes de citron et l'ail, mal tolérés par les vers de terre (mettez-les sur le compost à froid).

Compost :

- Déchets autorisés pour le compost à froid
- Plats cuits : viande, poisson, légumes et produits laitiers

À éviter :

- Zestes de citron et ail

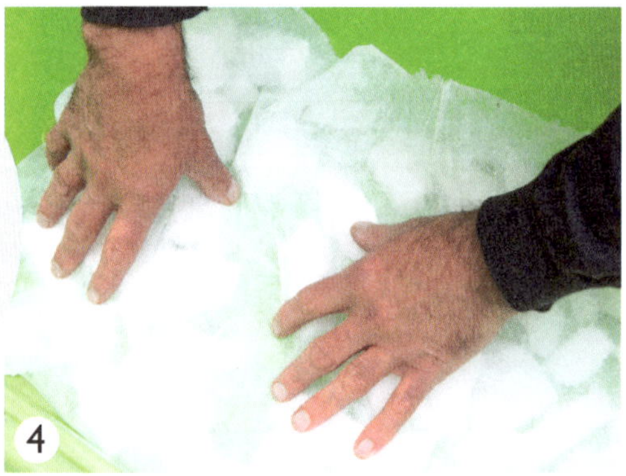

Fabriquer un lombricomposteur

On trouve des lombricomposteurs en jardinerie, mais il est facile d'en fabriquer un soi-même.

1. **Utilisez une poubelle en plastique** de taille adéquate, par exemple une poubelle de recyclage ou un grand seau, et faites des trous dans le fond pour le drainage.

2. **Adaptez un robinet en plastique** sur un des côtés, à 7 à 10 cm du fond.

3. **Tapissez le fond** de petits morceaux de polystyrène. **Couvrez-les** d'un grillage fin ou d'un filet de matière plastique, pour les maintenir.

4. **Tapissez la poubelle** avec du voile horticole (voile d'hivernage).

5. **Ajoutez une couche** de matière biodégradable – paille, foin, papier déchiqueté – d'une épaisseur de 10 cm. Introduisez les vers de terre.

6. **Recouvrez d'une couche d'épluchures de fruits** et de légumes mélangés, avec du papier déchiré et humidifié.

7. **Placez une autre couche de paille**, de foin ou de papier déchiqueté.

8. **Recouvrez le tout d'une feuille de carton** qui évitera le dessèchement des matières organiques. **Inclinez légèrement la poubelle** sur une cale, pour que les liquides s'écoulent vers le robinet.

Engrais liquide :

De temps à autre, récupérez le liquide à la base du lombricomposteur.

Bien dilué (1 part de jus pour 10 parts d'eau), c'est un excellent engrais liquide.

1 part de jus :
10 parts d'eau

Les micro-légumes et les graines germées en permaculture

Micro-légumes

Ce sont des plantes potagères récoltées au stade de la plantule, que l'on mange crues, en général en salade ou en garniture. Elles ont beaucoup de goût et sont pleines de vitamines et de minéraux.

On peut en cultiver toute l'année et c'est un bon moyen d'utiliser les graines restantes, à la fin de la saison de culture au potager. En hiver, cultivez-les à l'intérieur, dans la cuisine, sur une tablette de fenêtre ensoleillée, pour les récolter et les déguster facilement.

Comme on les mange après quelques semaines ou même quelques jours, ils ne développent que peu de racines et n'ont pas besoin d'un récipient profond. Les barquettes en matière plastique pour fruits et légumes et autres aliments conviennent parfaitement.

La culture des micro-légumes

1. **Faites des trous** dans le fond d'une barquette avec un couteau ou une brochette.

2. **Remplissez le bac** de terreau.

3. **Tassez légèrement** avec le fond d'une autre barquette.

4. **Arrosez le terreau** et laissez l'eau s'égoutter.

5. **Semez** assez densément et de manière homogène.

6. **Recouvrez** le terreau d'une fine couche de perlite ou de vermiculite.

7. **Placez la barquette** sur une tablette de fenêtre ensoleillée. En été, protégez les jeunes plantes du soleil. Récoltez les feuilles quand elles sont suffisamment développées.

Graines pour micro-légumes

Cerfeuil (*Anthriscus cerefolium*)

Moutarde blanche (*Brassica hirta*)

Chou brocoli* (*Brassica oleracea*)

Chou rouge (*Brassica oleracea*)

Roquette* (*Eruca sativa*)

Cresson* (*Lepidium sativum*)

Pois* (*Pisum sativum*)

Radis* (*Raphanus sativus*)

* Convient aussi en graines germées.

Graines germées

À la différence des micro-légumes, dont on ne mange en général que les feuilles, les graines germées sont consommées en totalité. On peut les cultiver dans un récipient en verre ordinaire.

- **Passez les graines** sous l'eau froide. Laissez-les tremper dans l'eau froide 8 heures ou 1 nuit.

- **Égouttez-les** dans un chinois, puis mettez-les dans un récipient en verre. Couvrez-les d'une mousseline ou d'un autre tissu léger.

- Deux ou trois fois par jour, **ôtez la mousseline** et rincez les graines à l'eau tiède.

- **Les graines germées sont prêtes** lorsque les germes ont entre 0,5 et 3 cm de haut.

Les graines à germer

Betterave (*Beta vulgaris*)

Pois chiche (*Cicer arietinum*)

Tournesol (*Helianthus* spp.)

Luzerne (*Medicago sativa*)

Fenugrec (*Trigonella foenum-graecum*)

Blé (*Triticum aestivum*)

Haricot azuki (*Vigna angularis*)

Haricot mungo (*Vigna radiata*)

III. La permaculture en pratique : établissez un jardin durable

Règle n° 6 – Pensez aux haies et aux couches

Règle n° 7 – Créez des abris efficaces

Règle n° 8 – Accueillez la faune sauvage

Règle n° 9 – Améliorez la productivité

La création de bordures

Les bordures, ou les lisières, présentent un grand intérêt pour la permaculture. Dans un jardin, elles constituent le point de rencontre entre deux éléments – ou deux environnements.

Le cerfeuil des bois a colonisé une mince bande de terres entre une aire maçonnée et une haie, offrant de la nourriture et un abri pour bien des êtres vivants.

Qu'est-ce qu'une bordure ?

Dans la nature, il y a partout des bordures.

- La côte, entre la mer et la terre.
- La lisière de la forêt, entre les arbres et les champs.
- Les oasis, entre le désert et la montagne.

Ces zones sont très dynamiques, avec un microclimat propre, et elles hébergent des formes de vie différentes de celles des deux environnements qui les bordent. Elles abritent toujours des écosystèmes très divers.

Dans la nature, les bordures sont rarement droites, mais le plus souvent sinueuses et fluides, un peu à l'image d'une vague. Lorsqu'une rivière déborde, elle dépose un gros volume de sédiments, créant ainsi les terres les plus fertiles de la planète, les plaines alluviales.

Dans un jardin en permaculture, on cherchera à tirer le meilleur parti des bordures existantes et, si l'on entreprend des modifications, on créera des bordures favorisant la biodiversité du site.

Si vous creusez une pièce d'eau, cultivez sur les bords des plantes aromatiques acceptant un sol pauvre, car elles bénéficieront de la lumière se reflétant sur l'eau. Et tout en parfumant agréablement l'atmosphère, elles vous permettront d'agrémenter vos plats – et de contribuer à la part productive du jardin.

Habiller les rives

Une mare ou un massif rond présentent un périmètre minimal. C'est pourquoi le cercle est une forme bien adaptée, dans de nombreux cas.

Si vous donnez à la pièce d'eau un pourtour sinueux, vous pourrez augmenter le nombre des plantes de rive.

Massif en trou de serrure

Cette forme représente la manière la plus rationnelle et la plus efficace d'occuper l'espace avec des plantations, et facilite en outre la récolte.

Le potager en « trou de serrure » comprend un passage, sur le côté, pour atteindre les cultures du centre. S'il est grand, on y aménage des sentiers étroits, avec des passages secondaires, également en trou de serrure, pour atteindre toutes les plantes sans difficulté.

Parfois, on place au centre un tas de compost circulaire, un puits ou un réservoir d'eau de pluie.

Dans un potager en trou de serrure, les plantes sont disposées en groupes, et non en rangs. Ainsi, on les atteint facilement depuis le sentier, pour désherber, récolter ou supprimer les fleurs fanées.

Les forêts nourricières

Le concept de forêt nourricière (ou comestible) est important en permaculture. Ce type de forêt reproduit l'évolution naturelle des écosystèmes (voir p. 18) et développe un certain nombre de couches, dont toutes peuvent être productives.

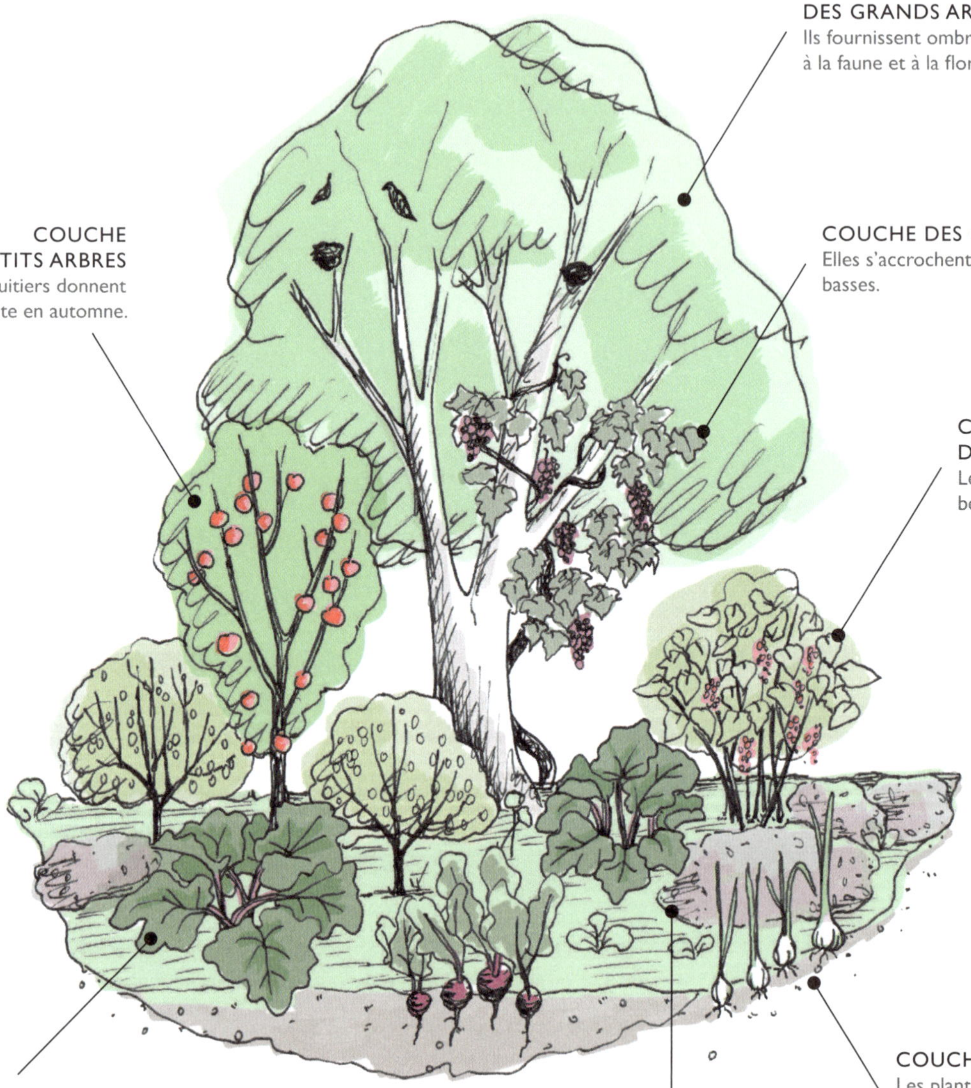

On peut appliquer les principes de l'agroforesterie à un jardin avec la forêt nourricière, susceptible de beaucoup produire sur une surface limitée.

- Dans un grand jardin, comportant une zone dédiée aux arbres (zone 4), la partie au-delà de la maison peut être adaptée en forêt nourricière.
- Dans un petit jardin, la couche des grands arbres peut être un arbre sur un terrain voisin, ou des arbres d'alignement dans la rue.

Couche des grands arbres

Les arbres dominants, à maturité, occupent le plus d'espace et ont les plus grandes exigences en lumière, en eau et en nutriments.

- Essences nobles, comme le chêne et le hêtre.
- Espèces à fruits à coque, comme le noyer et le châtaignier.
- Arbres fruitiers de plein vent, comme le pommier, le poirier ou le cerisier.

Couche des petits arbres

Elle est surtout constituée des fruitiers en demi-tige, qui facilitent la récolte.

Couche des arbustes

Elle comprend les petits fruits, mais aussi des noisetiers et des ornementaux à fleurs attirant les pollinisateurs. Disposez-les de façon à ce qu'ils soient abrités des vents dominants par les arbres, sans qu'ils aient trop d'ombre.

- Petits fruits – dont certains tolèrent l'ombre.
- Les taillis augmentent le taux d'azote dans le sol.

Couche des grimpantes

Les grands arbres servent de support aux grimpantes à fruits comme le kiwi et la vigne. Les sujets de la couche des arbustes apportent de l'ombre aux racines et aux tiges basses de ces grimpantes. Les tiges supérieures vont chercher la lumière, et les fleurs et les fruits s'épanouissent au-dessus des arbustes. Attendez que les arbres soient bien établis avant d'y laisser monter des grimpantes.

Couche des vivaces

Elle est principalement constituée de plantes non ligneuses, avec des vivaces comme la rhubarbe, et aussi des plantes aromatiques installées au-delà de la surface abritée par la canopée. On peut également cultiver, en intercalaires, des annuelles et des plantes à fleurs, qui attirent les pollinisateurs et donnent des fleurs coupées.

Couche des couvre-sols

Les plantes tapissantes évitent l'érosion et apportent de la nourriture à la faune sauvage. Les fraises des bois et les menthes, qui supportent l'ombre, sont idéales.

Couche des racines

Ne négligez pas les espèces cultivées pour leurs racines comestibles, comme la betterave et l'ail, dont les jeunes feuilles peuvent être consommées. Les annuelles (betterave, radis) doivent être semées précocement pour se développer avant l'apparition des feuilles des arbres et des arbustes, de manière à bénéficier de suffisamment de lumière et d'eau de pluie.

Agroforesterie

C'est une pratique qui intègre les arbres dans la production agricole. À petite échelle, les vergers, y compris de fruits à coque, sont des agroforêts.

Cultures en couloir

C'est une variante dans laquelle des rangées d'arbres alternent avec des cultures de céréales et de légumes. Les arbres sont périodiquement abattus pour leur bois. Cette pratique crée un écosystème varié, qui dispense des engrais et des pesticides. On peut alterner des arbres fruitiers et des espèces fixatrices d'azote, maintenues en cépées ou contrôlées par la méthode du *chop and drop* (voir p. 89).

Climats tropicaux

L'agroforesterie donne de bons résultats en climat tropical. Au début de la saison humide, on rabat les arbres et arbustes, pour donner de la lumière aux annuelles – qui croissent avec les plantes ligneuses. Au début de la saison sèche, ces dernières ombragent les annuelles, ce qui prolonge la période de récolte.

La plantation en guilde

Au Moyen Âge, les commerçants étaient organisés en guildes, des associations où ils partageaient une expérience professionnelle et qui constituaient des réseaux pour conclure de nouveaux marchés, encourager les bonnes pratiques et développer une vie sociale. Cette idée a été reprise en permaculture, pour organiser et associer les plantes.

Qu'est-ce qu'une guilde ?

C'est une pratique visant à associer des plantes compatibles pour former un groupe et pour répondre à vos besoins. Chaque plante peut croître et se développer à côté des autres, en partageant les ressources disponibles et même en les favorisant. Mais il ne s'agit pas d'un système coercitif – il n'y a pas de coercition en permaculture. Ce n'est qu'une méthode pour choisir les plantes. Créez vos guildes en appliquant divers critères.

Guilde en communauté

Dans cette guilde, toutes les plantes ont la même fonction. Par exemple :

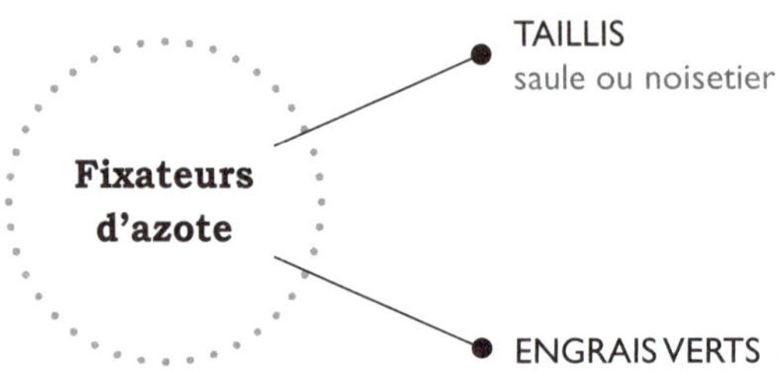

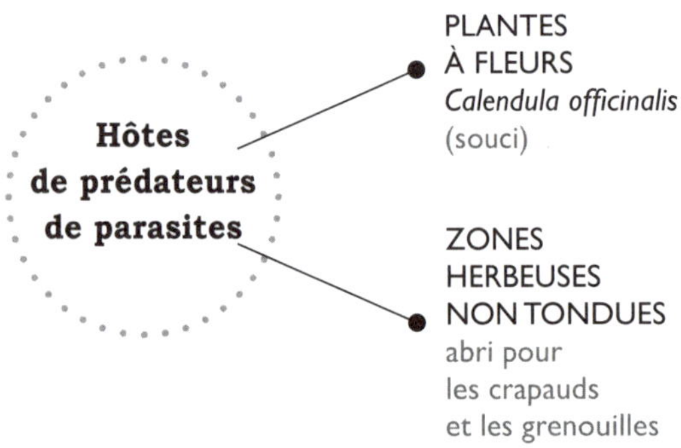

Guilde d'aide mutuelle

Les plantes remplissent différentes fonctions, bénéfiques pour les autres. La guilde peut inclure :

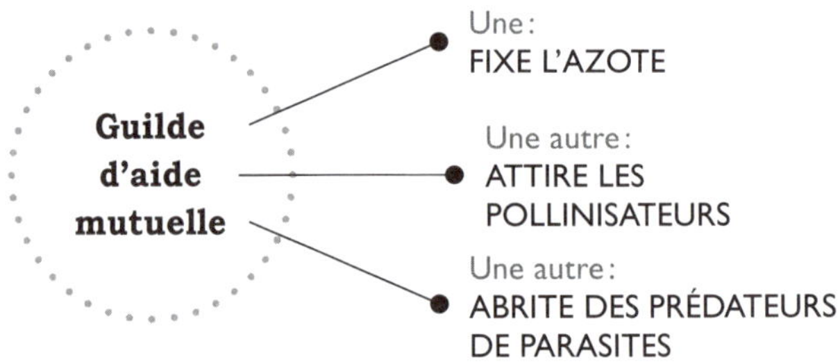

Guilde de partage des ressources

Combinaison de plantes ayant des exigences diverses vis-à-vis de l'environnement, que l'on peut cultiver ensemble sans qu'elles se gênent.

Bulbeuses et arbres

Plantes bulbeuses à floraison printanière sous des arbres décidus : elles ont accès à la lumière et à l'eau pluviale avant l'apparition des feuilles, puis entrent en dormance. Les deux puisent aux mêmes ressources – le soleil et l'eau – mais à différentes périodes de l'année.

Plantes à racines profondes et superficielles

Des couvre-sols faiblement enracinés et associés à des plantes à racines profondes, qui tirent leurs nutriments à différents niveaux. Par exemple des fraisiers – qui s'étalent – et des bulbeuses – qui s'enfoncent.

Un jardin de plantes aromatiques est un exemple de guilde de communauté. Toutes les espèces ont les mêmes besoins et fournissent des feuilles et des fleurs pour la cuisine et les tisanes.

Pour créer des guildes

Dressez des listes de plantes ayant des besoins similaires et offrant des avantages comparables, et regroupez celles qui sont compatibles.

- Plantes anti-mauvaises herbes
- Plantes anti-ravageurs
- Plantes productrices de paillis
- Plantes fixatrices d'azote
- Plantes à fleurs comestibles
- Plantes pour tuteurs, plessis et vannerie
- Plantes bénéfiques à la faune et à la flore sauvages

À partir de ces listes, choisissez celles que vous souhaitez cultiver ensemble, et appliquez le principe de la guilde d'aide mutuelle : comment chaque espèce bénéficie-t-elle aux autres ? Ensuite, réfléchissez sur le partage des ressources : ces plantes vont-elles se concurrencer ou peuvent-elles coexister en harmonie ?

Quelques exemples de plantation

Les guildes améliorent la productivité. On crée des mini-écosystèmes où les plantes interagissent entre elles, avec les insectes, la faune sauvage et les organismes du sol, ou ont des fonctions multiples. Ici, avec un sentier droit et étroit et des sentiers secondaires en trou de serrure, la surface est exploitée au mieux.

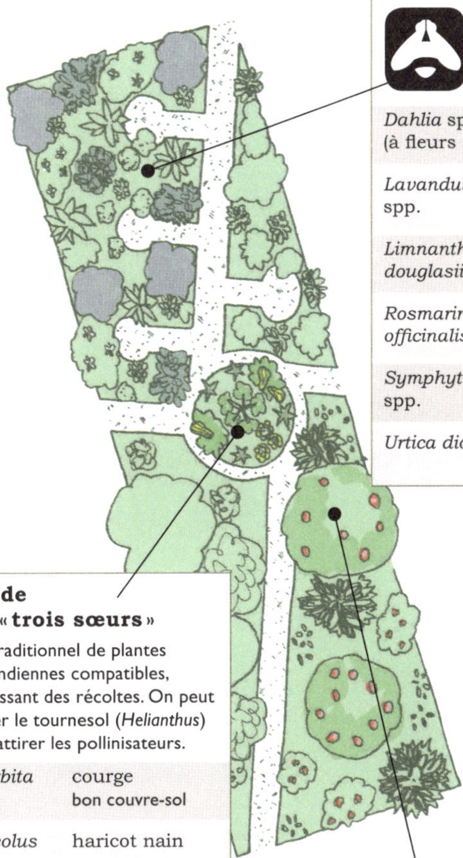

Guilde des pollinisateurs

Toutes ces plantes les attirent.

Dahlia spp. (à fleurs simples)	
Lavandula spp.	lavande
Limnanthes douglasii	
Rosmarinus officinalis	romarin
Symphytum spp.	consoude
Urtica dioica	ortie

Guilde des « trois sœurs »

Trio traditionnel de plantes amérindiennes compatibles, fournissant des récoltes. On peut ajouter le tournesol (*Helianthus*) pour attirer les pollinisateurs.

Cucurbita spp.	courge bon couvre-sol
Phaseolus spp.	haricot nain
Zea mays	maïs doux

Guilde des pommiers

Les plantes basses sont bénéfiques aux arbres.

Pommiers (x 2)		
Bulbeuses de printemps *Narcissus* *Allium*	narcisse	dissuadent les mauvaises herbes
Vivaces *Cynara cardunculus*	artichaut	les feuilles font un paillis d'automne
Annuelles *Tropaeolum*	capucine	repousse les parasites

La succession accélérée

Lorsqu'on crée un potager, on cherche en général à l'organiser de façon à obtenir rapidement une belle récolte. En permaculture, il faut aussi penser à l'évolution du jardin à long terme – sur 10 à 20 ans, et même davantage.

B + F = arbres pour bois et fruits à coque
PP = plantes potagères
PF = petits fruits
AF = arbres fruitiers

Vous pouvez planter en groupes informels ou disposer les différents types de plantes en rangs, comme ici. Avec le temps, les arbustes et les arbres, à croissance lente, forment une ceinture brise-vent ou une forêt nourricière.

Guildes d'établissement

Les premières plantations peuvent être considérées comme une guilde d'établissement. À côté de ce que l'on qualifiera de plantes « pionnières » – des espèces potagères annuelles, des vivaces et des aromatiques couvre-sol –, cette guilde inclura sans doute des plantes « cibles », qui ne donneront une récolte que bien plus tard, comme les arbres cultivés pour leurs fruits ou leur bois. Quand celles-ci arrivent à maturité, elles ombragent les pionnières, qu'il faut remplacer par des espèces ombrophiles. Avec le temps, vous développerez une forêt nourricière autosuffisante.

Une guilde d'établissement comprend :

- PLANTES « PIONNIÈRES »
  Espèces potagères annuelles et vivaces, et aromatiques
- PLANTES « CIBLES »
  Arbres pour fruits et bois
- PLANTES ACCEPTANT L'OMBRE
  Pour remplacer les pionnières

Qu'est-ce qu'une succession accélérée ?

C'est un système dans lequel des plantes ayant des vitesses de croissance diverses sont cultivées ensemble, pour exploiter au mieux la surface cultivable.

- **Plantez de jeunes arbres fruitiers** (y compris à coque), éventuellement des baliveaux, en les espaçant comme s'ils étaient déjà à maturité.
- **Plantez quelques arbustes à petits fruits** en les espaçant régulièrement.
- **Ajoutez des plantes aromatiques et des potagères vivaces**, comme l'artichaut et la rhubarbe.
- **Cultivez des potagères annuelles** entre les précédentes.

Continuez chaque année à cultiver des annuelles, jusqu'à ce que les plantes ligneuses soient établies et aient réduit la surface disponible. Par la suite, les vivaces et les plantes aromatiques peuvent être transplantées ailleurs dans le jardin. Lorsque les arbres fruitiers arrivent à maturité et ombragent les arbustes à petits fruits, ceux-ci peuvent également être transplantés, ou laissés sur place dans le cadre d'une forêt nourricière.

Lorsque les arbres sont grands, on plante dessous des potagères acceptant l'ombre, comme l'ail des ours et les menthes. Dans un système arrivé à maturité, on peut voir apparaître des champignons comestibles.

Les jeunes arbres fruitiers ont un faible impact sur l'environnement à court terme, et leur mise à fruit est parfois lente. Les premières années, la surface alentour est disponible pour d'autres plantes qui ne pourront pas rester en place lorsque ces arbres auront développé un large feuillage et donneront beaucoup de fruits. Il faudra dégager leur pied pour pouvoir récolter.

Les châtaigniers sont des arbres à longue durée de vie et donnent chaque année une récolte abondante.

Les noisetiers donnent des fruits dès leur jeune âge.

Maximiser l'espace : culture verticale

Dans la nature, toutes les couches, des plus basses aux plus hautes, sont productives mais, dans un jardin, les murs et les clôtures sont des surfaces improductives, sauf si l'on y cultive aussi des plantes.

En haut : des dispositifs de culture verticale incluent un système d'arrosage. En bas : les plantes tapissantes à petites feuilles sont bien adaptées.

Pour maximiser votre espace de culture, exploitez aussi les surfaces verticales. On constate d'ailleurs que, dans la nature, beaucoup de plantes colonisent les murs, poussant presque sans terre et arrosées uniquement par les pluies.

Cultivez à la verticale aussi bien à l'ombre qu'au soleil. Choisissez des plantes compactes à racines superficielles, de préférence à port retombant. Toutes les espèces recommandées pour les toits verts conviennent (voir p. 139). Utilisez également des conteneurs en suspension, notamment près de la cuisine pour cultiver des plantes aromatiques et potagères.

Plantes pour le jardinage vertical

Capucines

Pour le soleil

Nom botanique	Nom commun	Remarques
Limnanthes douglasii	limanthe de Douglas	ornementale ; attire les pollinisateurs
Lobularia maritima	alysse odorante	ornementale ; attire les pollinisateurs
Lycopersicon esculentum	tomates	tomates cerises en suspension
Ocimum basilicum	basilic	à petites feuilles
Petroselinum crispum	persil	
Portulaca oleracea	pourpier	
Salvia spp.	sauge	
Sedum spp.	orpin	ornemental en tapis ; attire les pollinisateurs
Thymus spp.	thym	
Tropaeolum	capucine	naines, retombantes, fleurs comestibles
Viola spp.	pensée/violette	fleurs comestibles

Laitues

Pour l'ombre

Nom botanique	Nom commun	Remarques
Allium schoenoprasum	ciboulette	
Barbarea verna	cresson de jardin	
Eruca vesicaria	roquette	
Fragaria vesca	fraisier des bois	
Hedera spp.	lierre	ornemental
Lactuca sativa	laitue à couper	
Melissa officinalis	mélisse	
Raphanus sativus	radis	
Rumex acetosa	oseille	
Viola spp.	pensée/ violette	fleurs comestibles

Pour le choix des mélanges terreux, voir *Les meilleurs terreaux de rempotage* (p. 132).

Gouttière recyclée

Il existe de nombreux conteneurs et systèmes d'accroche pour les murs et les clôtures, mais vous pouvez aussi facilement en fabriquer un, sans rien dépenser, avec une vieille gouttière en PVC.

Fixer les crochets :

Sur un mur, percez à la perceuse, placez des chevilles et vissez.

Sur une clôture, vissez directement, à la visseuse, des vis à bois dans les piquets.

Culture dans une gouttière

1. Faites des trous dans le fond pour permettre le drainage.

2. Vissez les crochets sur le support.

3. Clippez la gouttière sur les crochets.

4. Remplissez la gouttière d'un mélange terreux.

5. Mettez en place des plantes adaptées.

Astuce :

Pour réduire le poids de la gouttière ainsi garnie, remplacez un tiers du mélange terreux par de la perlite ou de la vermiculite.

Créer un piège à soleil végétal

Le meilleur des abris, c'est un ensemble dense de végétaux ligneux qui créent un microclimat et contribuent à la biodiversité de tout le site. À long terme, un tel croissant végétal devient autosuffisant.

Un abri végétal en croissant atténue l'impact des vents froids et réduit du même coup la facture de chauffage de la maison.

Le meilleur endroit pour établir un abri en croissant, un piège à soleil, c'est le côté le moins ensoleillé de la maison (le nord dans l'hémisphère Nord et le sud dans l'hémisphère Sud). Ainsi, il ne fera pas d'ombre à votre jardin, mais l'abritera des vents forts. En outre, il hébergera une flore et une faune sauvages riches.

Les bonnes plantes

Un abri en croissant comprend des espèces ligneuses décidues et persistantes. Celles-ci constitueront un refuge en hiver pour la faune sauvage. Et les branches dénudées des arbres décidus filtreront les coups de vent automnaux.

Une telle plantation représente aussi un garde-manger, pour les humains comme pour les animaux avec, dans la zone basse, des arbustes à petits fruits et des fruits à coque, et des plantes comestibles à leurs pieds. Une partie d'un tel abri peut être développée en forêt nourricière (voir p. 114).

Un piège à soleil :

Il filtre le vent

- C'est un barrage contre les ravageurs et les animaux indésirables.
- Il attire des insectes pollinisateurs.
- Il fournit des perchoirs aux oiseaux et aux chauves-souris.
- Il constitue un habitat pour bien des espèces sauvages (dont les champignons).
- Il bloque la pollution.
- Il apporte de l'ombre (souvent bénéfique).
- Il réduit les pertes d'humidité chez les autres plantes.
- Il réduit l'érosion des sols légers.
- Il réduit l'impact des embruns marins.
- Il protège contre les tempêtes de neige.
- Il masque des vues déplaisantes.
- Il renforce l'intimité et la sécurité.
- Il réduit la facture de chauffage (dans la maison et dans les serres).

Une plantation dense et mixte d'arbres et d'arbustes fournit un excellent abri à ce potager.

L'utilité des haies

Si elle fournit un abri à une riche faune sauvage, la haie a pour principale fonction de filtrer le vent, notamment en terrain découvert. Dans certains cas, on peut obtenir un brise-vent efficace en associant le mélèze (*Larix decidua*) au cyprès de Leyland (*Cuprocyparis leylandii*), à croissance rapide.

Une haie peut avoir pour fonction unique de limiter la propriété et d'empêcher les intrusions. Derrière celle-ci, des arbres plantés abritent le jardin.

À gauche : tilleul en fleur ; à droite : houx.

Des plantes pour piège à soleil et écran

Certaines plantes de haies ont une fonction double : apporter un abri, d'une part, et, d'autre part, attirer la faune sauvage ou fournir des tuteurs aux plantes grimpantes.

Nom botanique	Nom commun	Remarques
Alnus cordata	aulne de Corse	**D** fleurs printanières (chatons)
Carpinus betulus	charme commun	**D**
Crataegus spp.	aubépine	**D** fleurs printanières, fruits automnaux
Cuprocyparis leylandii	cyprès de Leyland	**P** croissance rapide, résistant à la pollution
Elaeagnus x *ebbingei*	chalef	**P** fleurs automnales ; résiste aux embruns
Fagus sylvatica	hêtre	**D** croissance lente
Hippophae rhamnoides	argousier	**D** fruits automnaux*, résiste aux embruns
Ilex spp.	houx	**P** fruits automnaux*
Larix decidua	mélèze	**D**
Taxus baccata	if	**P** fruits automnaux*
Thuja plicata	thuya géant	**P** résiste à la pollution
Tilia cordata	tilleul	**D** fleurs estivales
Bamboos	bambous	**P** fournissent des tuteurs aux grimpantes

D – décidu
P – persistant
* sur les sujets femelles non taillés en été

Les écrans artificiels

Si vous n'avez pas assez de place pour un large croissant végétal, les écrans artificiels sont presque aussi efficaces, sans avoir toutefois les avantages des plantes.

Les brise-vent tissés peuvent être tendus sur de solides poteaux, pour abriter efficacement sans occuper trop d'espace.

Utiliser des écrans artificiels

- Quand la place manque.
- Pour arrêter les ravageurs comme les lapins et les daims.
- Pour créer une ombre légère.
- Pour former un écran temporaire en attendant l'établissement d'un brise-vent végétal.

S'ils ne bloquent pas le vent, un écran ou une clôture limitent son impact. Et s'ils sont bien conçus et efficaces, ils réduisent ses effets (côté sous le vent) à une distance égale à dix fois sa hauteur, et même davantage.

Contre le vent, les panneaux pleins ne sont pas adaptés : il les saute et continue son chemin – où il les abat s'il souffle en tempête.

Un bon écran protecteur doit être poreux à 50-60 %. Il joue alors le rôle de filtre et atténue beaucoup l'impact. Les plessis, c'est-à-dire les clôtures tressées en saule ou en noisetier, sont à la fois esthétiques et efficaces, de même que les panneaux ajourés en matière plastique ou en métal, ou les claustras. Les brise-vue en plastique sont vendus en rouleaux.

Bien placer les brise-vent

En général, il faut dresser le brise-vent face aux vents dominants, dont la direction varie avec le lieu géographique. On peut aussi l'opposer aux vents les plus froids, qui causent le plus de dégâts aux plantes.

Sur une pente, il est judicieux de placer des brise-vent sur plus d'un côté, car les vents forts peuvent tourner et souffler dans différentes directions (voir *La topographie du jardin*, p. 38).

Fixation de panneaux ajourés

Les panneaux brise-vent doivent être fixés solidement sur des poteaux de bois ou de métal, avec des clous ou des agrafes en inox (sur support bois) ou des liens plastiques robustes (sur métal).

- Pour fixer solidement les poteaux dans le sol, utilisez des supports à enfoncer en acier, ou noyez leur pied dans un plot de béton de 70 cm de profondeur. En sol humide, on boulonne les poteaux en bois sur des semelles en béton préalablement enfoncées.
- Jusqu'à 1,50 m, utilisez des poteaux de 10 cm de section, en les espaçant du double de la hauteur.
- Au-dessus de 1,50 m, leur section doit être de 10 à 15 cm, et leur espacement d'une distance égale à leur hauteur.
- Les écrans souples doivent être parfaitement tendus.

Créer une haie sèche

On appelle « haie sèche » (ou « haie morte ») une clôture de bois mort. Elle est facile à réaliser : plantez des montants dans le sol, en les alignant en deux rangées parallèles, et entassez du bois mort au milieu.

Les haies sèches peuvent servir à monter des planches surélevées ou à séparer les zones du jardin.

Bien qu'en bois mort, une haie sèche abrite une riche faune sauvage. Laissez la végétation se développer de part et d'autre, pour introduire une biodiversité naturelle autour des cultures.

Culture sous abri

Un abri dans le jardin, qu'il s'agisse d'une serre traditionnelle ou d'une serre-tunnel, élargit grandement le nombre de types de plantes que l'on peut cultiver.

La serre peut être indépendante ou adossée à la maison, avec éventuellement une porte de communication. Et si elle est adossée à un mur chaud, qui absorbe la chaleur et la réfléchit, une telle serre bénéficie largement de l'énergie solaire. Quant aux serres-tunnels, elles sont en général indépendantes.

Une serre ou une serre-tunnel vous permet de :

1. ALLONGER LA SAISON DE CULTURE – au début et à la fin.
2. CULTIVER DES PLANTES qui gèleraient à l'extérieur.
3. PROTÉGER DES PLANTES des vents violents et desséchants.
4. RÉUSSIR DES SEMIS qui rateraient à l'extérieur.

La serre

Elle est dotée d'une charpente en bois ou en métal, sur des fondations de béton ou un plancher, avec un vitrage en verre classique ou synthétique. Les serres traditionnelles ont des murets en brique ou des panneaux de bois en partie basse, alors que les autres sont vitrées de haut en bas. Elles sont en général rectangulaires, ou parfois octogonales ou en dôme géodésique.

Comme le sol est en général dallé ou parqueté, les plantes sont cultivées en contenants ; dans certains cas, le sol est laissé à découvert et elles sont directement plantées dans la terre.

La serre-tunnel

La structure, composée d'arceaux métalliques, est recouverte d'un film synthétique translucide solide et tendu. Certaines ont des côtés droits, alors que d'autres sont courbes jusqu'au sol. Elles sont en général directement implantées sur la terre du jardin.

La serre-tunnel est en général implantée directement sur le sol. Pour créer des allées, il suffit de tasser la terre le long des planches de culture. La bande centrale a la plus grande « hauteur de plafond » : utilisez-la pour cultiver des grimpantes.

Les films polyéthylène

Le polyéthylène est plus économe en énergie que le verre, avec moins de pertes en calories. Il existe différents films, répondant aux nécessités de divers types de culture. Certains laissent pénétrer un maximum d'UV, alors que d'autres produisent le spectre lumineux que l'on trouve sur le sol de la forêt.

Pour bien les choisir

Optez pour des films en polyéthylène de bonne qualité, car les plus fins risquent de se déchirer sous l'effet des intempéries. L'épaisseur doit être d'au moins 200 microns (mu).

Il faut les remplacer à peu près tous les 5 ans.

Note :

Il n'est actuellement pas possible de produire le polyéthylène dérivé des combustibles fossiles de manière totalement écologique et durable.

Néanmoins, un film polyéthylène de bonne qualité peut être recyclé, quand vient le moment de le remplacer.

Allonger la saison

Orientation

Pour bénéficier d'un maximum de lumière, orientez la serre ou la serre-tunnel sur un axe est-ouest. Elle doit être abritée des vents et éloignée des grands arbres et des immeubles qui pourraient lui faire de l'ombre.

Température

À l'intérieur, la température est toujours plus chaude qu'à l'extérieur, ce qui crée un microclimat. Servez-vous d'un thermomètre pour la contrôler car, en été, elle peut rapidement atteindre un niveau préjudiciable aux plantes.

Par temps chaud et sec

Quand il fait chaud, ouvrez la porte et toutes les aérations. Il peut être nécessaire de faire baisser la température à l'aide de toiles d'ombrage, que l'on retire dès qu'il fait plus frais.

On fait également baisser la température (et on augmente du même coup l'humidité) en arrosant le sol de la serre, mais c'est évidemment un gaspillage d'eau. On peut également disposer des seaux pleins autour des plantes : l'eau s'évapore lentement et rafraîchit l'atmosphère.

En hiver

La température, dans la serre, n'est que de quelques degrés supérieure à celle du dehors, et les plantes peuvent geler (une serre adossée est un peu plus chaude, mais reste vulnérable au gel). Il ne faut donc pas y abriter sans précaution les plantes gélives. Il est possible d'isoler la serre en la recouvrant de film à bulles, maintenu par de l'adhésif toilé. Et si la température monte, ouvrez la porte pour aérer.

Bien des serres sont chauffées par des combustibles fossiles et ne sont donc pas adaptées à la permaculture. En revanche, si vous avez accès à l'électricité verte (par exemple par panneaux solaires), utilisez un radiateur soufflant pour maintenir la serre hors gel.

En été

1. OUVREZ la porte et toutes les aérations.
2. UTILISEZ des toiles d'ombrage pour faire baisser la température.
3. PLACEZ des seaux pleins d'eau pour rafraîchir l'atmosphère.

En hiver

1. PROTÉGEZ les plantes en conteneur.
2. ISOLEZ la serre avec du film à bulles.
3. L'ÉLECTRICITÉ VERTE, comme celle de panneaux solaires, permet d'alimenter un radiateur soufflant.

Ci-dessus à gauche : tirez parti de la chaleur estivale, sous une serre, pour faire sécher les plantes aromatiques et médicinales, comme ici la camomille.
Ci-dessus à droite : laissez la porte ouverte en été, pour permettre aux canards et aux volailles de vous débarrasser des limaces.

Arrosage

Sous serre, il est essentiel de ravitailler les plantes en eau de manière régulière. Si possible, installez un récupérateur d'eau à proximité, pour utiliser les eaux pluviales. À défaut, raccordez un tuyau d'arrosage à un robinet extérieur.

Parasites et maladies

Ils sont plus fréquents sous les serres qu'à l'extérieur. Ils peuvent même proliférer très rapidement quand la température et l'humidité s'élèvent. D'autant que les prédateurs naturels des parasites sont moins présents sous un vitrage qu'à l'extérieur.

Jouer la prévention

- Une bonne ventilation en été permet de prévenir les maladies. Évitez une trop grande densité des plantes, car elle génère de l'humidité. Si vous avez des plantes en pot, sortez-les à l'air libre pour les exposer au vent.
- Recourez à la lutte biologique contre les parasites les plus communs des serres, notamment la mouche blanche et le charançon noir de la vigne. Ces insectes ont des prédateurs naturels que l'on peut acheter sur Internet et introduire dans la serre.
- Si vous avez des poules et des canards, ou d'autres volailles (voir p. 154), laissez-les pénétrer de temps en temps dans la serre, notamment quand il fait froid ou très humide et qu'ils n'apprécient guère l'extérieur. Ils dévoreront les parasites et les limaces.

Mini-tunnel

À petite échelle, les mini-tunnels protègent les rangs du potager. Ils offrent une bonne partie des avantages d'une serre-tunnel, tout en évitant les attaques d'un certain nombre de parasites.

Des mini-tunnels ombragent les plantes en été.

Un voile non tissé permet d'éviter que les oiseaux aillent becqueter les choux.

Utiliser des contenants

Les contenants de toutes sortes sont largement mis à contribution sous les serres, mais également dans des endroits où ils représentent le seul moyen de cultiver des plantes, notamment sur les dallages et les pavages, et même à l'intérieur de la maison.

Les divers types de contenants

Les godets et pots de toutes sortes en matière plastique, dont le prix est en général abordable, sont légers, ce qui permet de les déplacer aisément.

La matière plastique est certes dérivée des combustibles fossiles, mais les pots pour végétaux sont souvent issus de matériaux recyclés. Allégez leur impact sur l'environnement en les réutilisant longtemps. Toutefois, certains finissent par se fragiliser, s'ils sont exposés au soleil. Jetez-les dans la poubelle des ordures ménagères, car ils ne sont plus recyclables.

Utilisez aussi les pots en fibre de bambou et en autres matières organiques. Quand ils se détériorent, vous pouvez les jeter sur le tas de compost.

Les pots en terre et en pierre sont lourds, mais conviennent aux grandes plantes permanentes.

Les contenants standard sont aussi larges que profonds, mais certains modèles ont des proportions spécifiques.

- Utilisez des CONTENANTS PROFONDS pour les plantes à racines longues, comme la tomate.
- Utilisez des CONTENANTS PEU PROFONDS pour les plantes à racines superficielles, comme le thym, l'origan et d'autres aromates à petites feuilles.
- Utilisez des BACS RECTANGULAIRES pour les semis, avant le rempotage en pots.

Pots biodégradables

Il existe des godets biodégradables pour les semis, notamment en fibre de coco, en papier recyclé et même en fumier de vache composté. Quand vous arrosez la plante, le pot se ramollit. Lorsque les racines passent à travers, vous pouvez repiquer sans déranger le système racinaire. Le godet se décompose naturellement dans la terre. Il est possible de fabriquer soi-même des pots biodégradables en papier (voir p. 104). En revanche, évitez les godets de tourbe.

Utilisez aussi les contenants :

Pour les plantes ayant des EXIGENCES PARTICULIÈRES en matière de sol – la myrtille demande un pH acide, les plantes méditerranéennes un mélange terreux léger et bien drainé.

Pour les plantes dont les RACINES AIMENT LE CONFINEMENT – comme le figuier, qui donne davantage de fruits en pot étroit.

Pour les plantes SENSIBLES AUX MALADIES DU SOL – comme la tomate, par exemple.

Pour les plantes TROP PEU RUSTIQUES POUR SURVIVRE À L'HIVER – en climat tempéré, l'oranger et l'olivier ne supportent pas les fortes gelées, mais peuvent être cultivés en contenants, que l'on place sous abri avant l'arrivée des grands froids.

Culture de la pomme de terre en bac

Si, en pleine terre, la pomme de terre a besoin de temps (voir p. 162) pour donner sa récolte, on peut cultiver la pomme de terre hâtive (primeur) en bac, sur une courte période. Comme la plante est un peu sensible au froid, il faut placer les bacs sous abri ou en situation abritée, et près de la maison, pour faciliter la récolte.

Et cette culture permet d'occuper la serre ou la serre-tunnel au début de la saison, à une période où elle est en général vide.

1. **Achetez de la semence de pomme de terre** dès qu'elle est disponible, en mars.

2. **Utilisez un grand bac,** d'environ 50 cm de profondeur, et remplissez-le de compost sur 15 cm.

3. **Plantez les tubercules** juste sous la surface.

4. **Au fur et à mesure de la croissance** des pommes de terre, ajoutez du compost pour que seules les feuilles supérieures soient visibles.

5. **Continuez ainsi jusqu'à remplir** complètement le bac.

Conservez ce bac dans un endroit bien éclairé et bien aéré, et arrosez. Récoltez les pommes de terre lorsque la plante commence à fleurir.

Compost

Cette culture demande beaucoup de compost, mais vous pouvez le réutiliser après la récolte (voir p. 134).

Les meilleurs terreaux de rempotage pour les pots

Un terreau de rempotage de bonne qualité est un excellent investissement. Les meilleurs sont bio et ont beaucoup d'avantages. Contrairement à ceux de qualité inférieure, qu'il faut en général jeter à la fin de la saison ou, au mieux, ajouter au tas de compost, ils peuvent être réutilisés l'année suivante.

Qu'est-ce qu'un terreau de rempotage ?

C'est un mélange terreux conçu pour la culture en pot. Il est stérile, et ne contient donc pas de bactéries nuisibles pour les plantes.

Beaucoup sont basés sur la tourbe et la terre végétale. Ils sont aussi souvent composés pour une utilisation spécifique, par exemple pour le semis et le bouturage (faible taux de nutriments), pour la culture des bulbeuses et des vivaces (taux moyen de nutriments) ou encore pour la plantation à long terme d'arbres et arbustes (taux élevé de nutriments). Les terreaux universels doivent théoriquement répondre à tous les besoins.

À propos de la tourbe

La tourbe est composée de déchets de mousse partiellement décomposés. Elle forme les tourbières, le seul habitat de certaines espèces animales, fongiques et végétales, et fonctionne comme un puits de carbone, absorbant le gaz de serre (gaz carbonique, CO_2) de l'atmosphère.

- Dans les régions de tourbières, la tourbe a jadis été utilisée pour le chauffage.
- La tourbe est inerte. Elle ne contient pas les nutriments nécessaires aux plantes. Son principal avantage, pour les jardins, c'est l'amélioration de la texture du sol.
- C'est une ressource certes renouvelable, mais il faut 9 000 ans pour créer une épaisseur de 10 m de tourbe.
- Dans les terreaux, la tourbe tend à se dessécher et elle est difficile à réimbiber. L'eau coule dessus sans la pénétrer et les racines se dessèchent à leur tour.

La formation des tourbières demande des millénaires.

Quelle composition rechercher ?

De nombreux terreaux sont composés en large partie de tourbe, qui a une texture douce, mais qui est inerte et ne contient pas de nutriments. Ces derniers sont ajoutés avec d'autres agents gonflants.

Les meilleurs terreaux sont à base d'écorce compostée, une ressource renouvelable et largement disponible, qui retient l'humidité tout en assurant le drainage – ce qui répond aux besoins des plantes.

1

Les déchets verts

Beaucoup de municipalités collectent et recyclent, en les compostant, les « déchets verts », c'est-à-dire les déchets végétaux de toutes sortes, des particuliers comme des entreprises. Ce compost est préparé à chaud et il est ensuite vendu ou distribué aux jardiniers locaux.

Les déchets verts ont en général un taux de nutriments important et un pH élevé, ce qui ne convient pas aux plantes acidophiles. Ils comprennent parfois des résidus de produits phytosanitaires chimiques, qui n'ont pas été détruits par le processus de compostage. N'utilisez ce type de compost que si vous n'avez pas d'autre alternative, et de préférence sur les plantes utilitaires comme les haies ou les espèces ornementales cultivées pour attirer les pollinisateurs.

Certaines marques proposent des terreaux ou des composts « de déchets verts », mais ils ne contiennent généralement pas plus de 30 % de matières issues de déchets verts. Ils sont en général de piètre qualité, étant donné la grande variété des matériaux utilisés.

2

Que peut-on ajouter au terreau ?

Un terreau de qualité peut être utilisé tel quel, mais on peut aussi le mélanger à divers matériaux.

- PERLITE (1) ou VERMICULITE (3), pour améliorer le drainage.
- TERREAU DE FEUILLES pour augmenter la proportion d'humus, bénéfique pour les plantes ligneuses.
- Poudre de ROCHE VOLCANIQUE (2) pour ajouter des minéraux et améliorer la fertilité.

3

Rafraîchir un vieux terreau

Les plantes consomment rapidement les nutriments d'un terreau. Si celui-ci est basé sur la tourbe, il aura aussi perdu sa structure à la fin de la saison, et pourra être utilisé en paillis ou simplement jeté sur le tas de compost. En revanche, s'il s'agit d'un terreau de bonne qualité, vous lui donnerez une seconde vie en le mélangeant avec de la fibre de coco et en ajoutant des fertilisants.

La fibre de coco est vendue sèche et compressée, en blocs, de la grosseur d'une brique (20 x 10 x 6 cm). Saturée d'eau, elle double de volume.

La fibre de coco

C'est de la fibre raide et brute, provenant de la coque de noix de coco. Le cocotier est l'une des premières plantes commerciales du monde, largement cultivée en zones tropicales et subtropicales pour ses fruits comestibles et son huile, utilisée par les industries cosmétiques et alimentaires – et aussi, peut-être davantage, comme biogazole, pour les moteurs diesel. L'arbre lui-même, très robuste et résistant aux embruns, est souvent planté en abri en croissant (voir p. 122). Il résiste même aux tempêtes tropicales.

La fibre de coco est un sous-produit utilisé pour faire des cordes, des nattes et couvrir les maisons. Mais c'est aussi un excellent substrat de culture.

Utilisation de la fibre de coco

Le substrat est un mélange de fibres fines et grossières, et il retient à la fois de l'air et de l'eau dans ses pores. Employé seul, toutefois, il a tendance à stocker beaucoup d'humidité, sans apporter de nutriments. Certains l'utilisent tel quel pour le bouturage, mais les jardiniers le mélangent en général à d'autres éléments, ce qui permet d'y cultiver de nombreux types de plantes.

La fibre de coco est un sous-produit très prisé en permaculture. Toutefois, dans les régions tempérées, le jardinier peut hésiter à l'utiliser étant donné le coût environnemental de son transport depuis les zones de culture.

Il est possible d'ajouter du compost de jardin et de feuilles à la fibre de coco, pour en faire un mélange de rempotage, mais il est difficile d'en contrôler le pH, la capacité de rétention d'humidité et les nutriments, et de garantir qu'il ne contient pas de graines de mauvaises herbes. Le résultat est donc incertain. En outre, tous ces matériaux contiennent aussi des champignons et des bactéries pathogènes qui peuvent causer la fonte des semis, et le mélange ne doit donc pas être utilisé pour semer.

1

Réutilisation d'un vieux compost

1. Mettez une brique (650 g) de fibre de coco dans le fond d'un grand récipient étanche. **Versez de l'eau chaude** pour couvrir la brique. Celle-ci va s'expanser et donner environ 9 l de compost.

2

3

2. La brique absorbe presque toute l'eau **en quelques heures.** Émiettez-la à la main pour que les parties encore sèches s'imbibent également.

3. Mélangez à parts égales et intimement la fibre préparée avec le vieux terreau.

4. Ajoutez un engrais organique, par exemple une poignée de granulés de fientes de poule et une bonne cuillerée à soupe de poudre d'os. Complétez par un peu de poudre de roche volcanique, pour ajouter des minéraux.

4

Au lieu de

mélanger le terreau et la fibre de coco dans un récipient, mettez-les dans un sac-poubelle à gravats. Fermez-le et secouez-le ou piétinez-le pour bien mélanger le tout.

La protection des plantes en hiver

Dans les zones touchées par le gel, les jeunes arbres et arbustes peuvent souffrir du froid hivernal, alors qu'ils seront capables de lui résister une fois adultes. Il est particulièrement nécessaire de les protéger sur un site exposé ou en attendant que les végétaux destinés à les abriter arrivent à maturité.

La paille sèche est un excellent moyen d'isoler contre le froid les parties aériennes des plantes de pleine terre ou les racines des plantes en pot.

Plantes en pot

Leur partie la plus vulnérable est leur système racinaire. En effet, en pleine terre, les racines sont protégées et isolées par la terre mais, dans un pot, elles sont beaucoup plus exposées au gel, surtout si le mélange terreux est humide.

La protection des plantes en pot

Vous pouvez recourir à diverses méthodes de protection des racines.

- Enveloppez le pot tout entier dans du film à bulles ou de la toile de jute – ou même dans un vieux gilet ou un vieux pull-over.
- Placez le pot dans un autre plus grand, et remplissez l'espace entre les deux de morceaux de polystyrène.
- Pour protéger une plante placée contre un mur, placez contre celui-ci deux piquets inclinés et déployez dessus du grillage à poules ou du grillage en matière plastique. Comblez tout l'espace au-dessous avec de la paille.
- En cas d'urgence, enveloppez simplement les plantes fragiles de voile d'hivernage (ou même d'un vieux rideau de mousseline), en l'attachant avec des épingles à linge.

En haut : cassez le polystyrène en morceaux.
En bas : placez le pot dans un plus grand et remplissez l'intervalle avec le polystyrène.

Isolez vos plantes pour l'hiver

1. En octobre-novembre, avant les premiers grands froids, coupez une longueur de grillage à poules ou en matière plastique, destiné à entourer les enclos, et roulez-le en cylindre.

2. Placez le cylindre autour du jeune arbre ou arbuste. Faites se chevaucher les extrémités et passez un bambou ou un bâton droit entre les mailles, pour le fermer, puis enfoncez-le dans le sol pour bien fixer le cylindre.

3. Comblez l'intérieur du cylindre avec de la paille, en tassant suffisamment mais modérément autour des branches et des rameaux.

4. Si le haut de l'arbre ou de l'arbuste dépasse, **ployez-le** et enfouissez-le dans la paille.

Note :

Ne tassez pas trop la paille afin de laisser l'air circuler et de permettre à l'humidité des pluies ou des neiges fondantes de s'évacuer. Les jeunes sujets reverdissent en général au printemps, même si leurs extrémités ont noirci.

En avril, quand il n'y a théoriquement plus de risques de très fortes gelées, retirez le cylindre et la paille. Celle-ci peut être compostée ou utilisée comme paillis ou pour le buttage des pommes de terre (voir p. 131).

La création d'un toit vert

Un toit est une surface qui ne demande qu'à être utilisée pour cultiver des plantes à fleurs qui attirent les pollinisateurs. Les toits végétalisés sont précieux en ville, où les espaces cultivables sont limités.

Le toit vert, ou végétalisé, est à la mode, notamment sur les immeubles commerciaux, où ils sont créés et entretenus à grands frais. Mais un particulier peut fort bien mettre à profit le toit d'un abri de jardin, d'un bûcher ou d'un garage. On peut même créer un micro-toit végétalisé sur une mangeoire à oiseaux ou un hôtel à insectes (voir p. 142).

Note :
Les membranes synthétiques utilisées pour les toits verts sont souvent dérivées de combustibles fossiles. On peut l'accepter à titre exceptionnel, étant donné que les bénéfices pour la flore et la faune sauvages outrepassent le coût environnemental de la production de la membrane.

Réalisation d'un toit vert en couches

COUCHE 1

Étalez un matériau étanche, par exemple une bâche (*liner*) pour bassin ou un autre type de film synthétique, directement sur le toit. Il doit être suffisamment solide pour ne pas risquer d'être percé par les racines des plantes.

COUCHE 2

Mettez en place un drainage léger, par exemple des morceaux de polystyrène.

COUCHE 3

Maintenez la couche de drainage en étalant un film perméable. Il faut qu'il permette le passage des fines racines et qu'il soit perméable à l'eau, qui doit atteindre la couche de drainage.

Dans les villes, une toiture végétalisée peut constituer un « poumon vert », qui absorbe la pollution urbaine.

COUCHE 5

Ajoutez les plantes. Arrosez-les régulièrement jusqu'à ce qu'elles soient établies et qu'elles aient formé en manteau végétal.

COUCHE 4

Étalez-le substrat de culture sur la membrane perméable. Vous pouvez adopter un mélange à parts égales de terreau de rempotage et de perlite – ou de vermiculite, ou encore de billes d'argile expansée.

Plantes pour un toit vert

Choisissez des plantes tolérant la sécheresse, de préférence à feuilles charnues, qui stockent l'eau. On les trouve en tapis précultivés que l'on peut poser directement sur la membrane perméable. Sinon, achetez-les en barquettes ou en godets individuels. Outre le sédum (ci-dessous), sélectionnez :

Allium schoenoprasum (ciboule et ciboulette)

Sempervivum (joubarbes)

Thymus spp. (thyms)

Sédums

Ci-contre : *Sedum kamtschaticum.*

Comme il est difficile d'arroser sur le toit, optez pour des sédums rampants, qui peuvent se passer d'eau. On les trouve couramment en jardinerie, car ils sont faciles à cultiver et demandent peu d'entretien. Ils forment rapidement un tapis persistant et dense. Leurs fleurs attirent beaucoup d'insectes bénéfiques.

Nom botanique	Nom commun	Remarques
Sedum kamtschaticum		très rustique
Sedum acre	poivre de muraille	
Sedum 'Czar's Gold'		à feuillage doré
Sedum rupestre	orpin des rochers	très tapissant
Sedum sieboldii		pour climat méditerranéen
Sedum spurium		très rustique

La création d'habitats pour la faune sauvage

Un jardin en permaculture est une sorte de réserve naturelle – un lieu dynamique, grouillant d'une vie en grande partie cachée, où chaque espèce joue son rôle. Et s'il y a suffisamment de nourriture et d'abris, aucune espèce ne sera dominante.

La faune sauvage

Petits mammifères

Ils sont en général les bienvenus dans un jardin. Ils se nourrissent notamment de ravageurs invertébrés.

Oiseaux

Les oiseaux se nourrissent au sol d'invertébrés et aident à limiter les populations d'insectes volants.

Amphibiens

Les grenouilles et les crapauds sont précieux pour éviter la prolifération des limaces et des escargots. Ils se tiennent souvent dans les lieux humides que fréquentent les mollusques.

Invertébrés

Ils constituent un vaste groupe, comprenant à la fois des parasites et des espèces utiles. Certains sont visibles, mais d'autres sont microscopiques ou vivent enterrés. Leur présence atteste une vie intense de l'écosystème.

Toiles d'araignée

Elles piègent de nombreux insectes ailés sexuellement matures. Et l'élimination d'un adulte femelle efface théoriquement toute une génération de larves ravageuses.

Les crapauds recherchent les zones fraîches du jardin.

Les bons habitats

- Tas de PIERRES ou de BRIQUES – abris pour les grenouilles et les crapauds, et d'autres espèces aimant la fraîcheur.
- Tas de FEUILLES MORTES – les lombrics, limaces, escargots, cloportes, bactéries et champignons s'y activent en automne et en hiver, pour le décomposer et l'incorporer au sol.
- HERBE non tondue – des îlots d'herbes, surtout s'ils comportent des plantes à fleurs, attirent beaucoup d'insectes pollinisateurs, notamment des papillons. Les grenouilles et les crapauds s'y abritent de la chaleur ont été.
- ZONES NON CULTIVÉES où on laisse pousser librement des plantes sauvages – elles constituent un lieu de prédilection pour beaucoup d'insectes utiles.
- MARES – une pièce d'eau a son propre écosystème, mais fournit aussi de l'eau pour boire et se baigner aux oiseaux et aux petits mammifères.
- ARBRES et ARBUSTES – un groupe de plantes ligneuses constitue un écosystème en tant que tel, surtout s'il donne des fruits et des baies que les oiseaux recherchent en automne. L'écorce est aussi un habitat pour de nombreux invertébrés, et des araignées tissent leur toile dans les branches.

C'est une bonne idée que de laisser certaines zones du jardin non cultivées – elles abriteront une faune sauvage diversifiée.

Nichoirs et hôtels

Nichoirs à oiseaux

Le trou en façade sera plus ou moins grand en fonction de l'espèce que l'on souhaite attirer. Placez-les entre 2 et 4 m de hauteur, à l'abri du vent, des pluies et du plein soleil. Assurez-vous qu'ils sont inaccessibles aux chats et aux autres prédateurs potentiels.

Nichoirs à chauves-souris

Il est souhaitable qu'ils aient au moins 8 heures d'ensoleillement (surtout le matin). Placez-les à 3 m de hauteur. Les chauves-souris préfèrent les gîtes spacieux.

Hôtels à insectes

De nombreux insectes de diverses espèces y trouvent refuge (voir p. 142).

Mangeoires et abreuvoirs

Les fruits becquetés par les oiseaux, en pourrissant, attirent des insectes.

Oiseaux

En hiver, donnez-leur des graines, des fruits secs et des boules de graisse.

Hérissons

On les attire avec des bols d'une nourriture conçue pour eux, que l'on trouve dans les animaleries, placés de préférence le soir – bien qu'ils puissent intéresser aussi les chats et les renards.

Guêpes

Des pommes, volontairement laissées sur le sol en automne et en hiver, permettent aux guêpes de se ravitailler.

Eau

Des récipients pleins d'eau sont appréciés par les oiseaux et d'autres espèces, pendant la chaleur de l'été.

Créer un hôtel à insectes

Dans un jardin en permaculture, les invertébrés trouvent en abondance de la nourriture, des abris et des lieux de reproduction. Mais vous pouvez leur offrir un « hôtel » spécifique. Placez-le dans une zone qui serait autrement inhospitalière, par exemple sur une surface dallée, près d'un mur ou d'une clôture.

Les compartiments individuels plaisent à des insectes spécifiques.

Un hôtel est un abri contre les intempéries et un lieu de nidification. Il peut comporter un certain nombre de « chambres », chacune étant remplie d'un matériau adapté à toute une gamme d'insectes.

Pour avoir une idée de sa fréquentation, notez chaque jour pendant 15 minutes, durant 1 mois et au cours de l'été, le nombre d'insectes que vous observez.

Ne soyez pas surpris d'y voir des insectes morts. Certains adultes y ramènent en effet des proies pour leur progéniture. Si nécessaire, remplacez les tiges et les autres matériaux utilisés dans les compartiments, lorsque vous êtes certain que les insectes sont partis.

Où placer l'hôtel à insectes ?

Dans un endroit ensoleillé, abrité des vents forts et de la pluie, à environ 60 cm de hauteur, ou davantage. Ne le dérangez pas en hiver, même s'il n'y a pas de signes visibles d'activité – il peut contenir des œufs et même des adultes en hibernation, qui attendent le printemps.

Insectes bénéfiques

À côté des araignées et des cloportes, les insectes cités ci-dessous sont susceptibles de visiter l'hôtel.

Coccinelles
Elles se nourrissent de pucerons nuisibles, de diverses espèces, et s'abritent dans des matériaux denses, pour la nuit et en hiver.

Guêpes maçonnes
Elles recherchent les tiges creuses pour y pondre. Après y avoir déposé leurs œufs, elles en bouchent les extrémités avec un opercule de terre, qui sera grignoté par les jeunes guêpes quand elles voudront sortir.

Guêpes fouisseuses
Elles creusent la moelle de jeunes tiges et y pondent leurs œufs. Elles nourrissent leurs larves avec des insectes parasites qu'elles ramènent dans le nid.

Papillons
Ils recherchent un abri quand il pleut, et pour l'hiver.

Abeilles sauvages
Elles s'abritent et pondent dans les trous des rameaux creux.

Chrysopes vertes
Elles s'abritent dans les hôtels toute l'année et préfèrent les entassements lâches de matériaux. Elles se nourrissent de pucerons, de thrips et de cochenilles.

1

Créer un hôtel à insectes

Vous pouvez utiliser du bois récupéré sur une palette. Assemblez quatre planches, comme pour un châssis (voir p. 103), et recoupez-en d'autres pour créer des étagères et des compartiments. Clouez les différentes pièces.

1. **Coupez en tronçons** des rameaux d'arbres ou d'arbustes, pour remplir des compartiments.

2. **Faites des trous** aux extrémités des rameaux, pour créer des « caches ».

2

4

3

3. **Formez des paquets** de tiges de différents diamètres, certaines percées et d'autres non.

4. **Remplissez l'un des compartiments** de pommes de pin.

Pour maintenir le tout, clouez ou agrafez un carré de grillage sur le bois de la structure.

En haut : les tiges de sureau sont pleines de « moelle » et attirent divers insectes utiles.

Au centre : on peut fixer plusieurs compartiments individuels sur un même poteau.

En bas : entassez des tronçons de rameaux dans les boîtes de conserve, que vous placerez ici et là dans le jardin.

Des plantes qui attirent les insectes

Pour attirer dans le jardin des insectes pollinisateurs et accroître sa biodiversité, cultivez une large gamme de plantes à fleurs, particulièrement celles à nectar.

Simples ou doubles ?

En général, les fleurs simples sont plus accessibles aux abeilles et aux autres insectes. Chez les doubles, les pétales intérieurs cachent ou remplacent les organes de reproduction, et il y a peu ou pas de pollen.

En s'ouvrant, les fleurs simples montrent leurs étamines et leurs grains de pollen.

Des fleurs toute l'année

Essayez d'avoir toute l'année au moins quelques fleurs. Les espèces à floraison hivernale sont précieuses, car les insectes qui sortent quand il y a du soleil y trouvent de la nourriture. La liste ci-contre est recommandée – et vous en trouverez d'autres sur Internet.

Arbres, arbustes et grimpantes

Nom botanique	Nom commun	Remarques
Amelanchier	amélanchier	**SF** printemps donne des fruits comestibles
Arbutus unedo	arbousier	**SF** automne
Betula	bouleau	**SF** printemps
Buddleja davidii	arbre aux papillons	**SD** été attire les papillons
Ceanothus	céanothe	**SF** printemps/été/automne à placer contre un mur chaud
Cercis		**SF** printemps
Cotoneaster	cotonéaster	**SF** printemps les fruits attirent les oiseaux
Elaeagnus umbellata	chalef	**SF** printemps fixe l'azote dans le sol
Eucryphia		**SF** été/automne, certains veulent un sol neutre ou acide
Halesia tetraptera	arbre aux cloches d'argent	**SF** printemps sol neutre ou acide
Helianthemum	rock rose	**SF** printemps/été
Hypericum olympicum	millepertuis du mont Olympe	**SF** été
Lonicera periclymenum	chèvrefeuille des bois	**SF** été grimpe dans les haies libres
*Rosa**	rosier	**SF** été/automne les fruits attirent les oiseaux
Salix caprea	saule marsault	**SF** printemps convient aux petits espaces
Solanum crispum	« patate grimpante »	**SF** été ; à placer contre un mur
Sorbus aucuparia	sorbier des oiseleurs	**SF** printemps les fruits attirent les oiseaux
Weigela		**SF** mai-juin convient en haie

SF – saison de floraison
* fleurs simples

Vivaces

Nom botanique	Nom commun	Remarques
Anchusa azurea	buglosse azurée	**SF** mai-juillet attire les abeilles
Astrantia	astrance	**SF** été se ressème spontanément
Cirsium rivulare	cirse des ruisseaux	**SF** juin-août pour sol frais
*Dahlia**		**SF** été/automne cultivé aussi en annuel
Dianthus barbatus	œillet de poète	**SF** printemps pour sol neutre ou alcalin
*Geranium**	géranium	**SF** printemps/été accommodant et peu exigeant
Iris sibirica		**SF** mai-juin
Leucanthemum vulgare	marguerite commune	**SF** mai-juin convient en pré fleuri
Nepeta racemosa	cataire	**SF** été
Phlomis russeliana		**SF** mai-septembre

Annuelles

Nom botanique	Nom commun	Remarques
Calendula officinalis	souci	**SF** été/automne pétales comestibles
Eschscholzia californica	pavot de Californie	**SF** été accepte les sols pauvres
Limnanthes douglasii	limanthe	**SF** été/automne se ressème spontanément
Lobularia maritima	alysse odorante	**SF** été supporte le bord de mer
Nicotiana sylvestris	tabac d'ornement	**SF** été/automne à cultiver en bisannuel
*Papaver somniferum**	pavot à opium	**SF** été
Verbena bonariensis	verveine de Buenos Aires	**SF** juin-octobre se ressème spontanément

En haut : à gauche, *Rosa filipes* ; à droite, *Lobularia maritima*.
Au centre, en haut : à gauche, *Iris sibirica* ; à droite, *Calendula officinalis*.
Au centre, en bas : à gauche, *Astrantia* ; à droite, *Dahlia* (à fleurs simples).
En bas : à gauche, *Limnanthes* ; à droite, *Nepeta*.

Les haies refuges pour la faune

Les haies sont précieuses pour limiter et pour abriter le jardin, mais elles constituent aussi un habitat privilégié pour la faune sauvage – depuis les petits invertébrés, qui vivent dans l'écorce, jusqu'aux insectes ailés, aux oiseaux et aux mammifères. Ces animaux jouent le rôle d'auxiliaires de culture, dans la partie «potager» du jardin, en permettant de mieux contrôler les parasites.

Une haie refuge doit comporter de nombreuses espèces.

Une haie refuge est un écosystème en tant que tel. Variez les espèces végétales : sujets décidus et persistants ; floraisons se succédant sur une longue période pour fournir du nectar aux insectes pollinisateurs ; baies, graines et fruits à coque en automne et en hiver, pour les oiseaux et les petits mammifères. Une fois établie, la haie constitue un couvert dense et un lieu de nidification pour les oiseaux, qui se nourrissent en partie des insectes pollinisateurs. Et des champignons apparaissent, en symbiose avec les racines.

Plantations

Achetez en automne les arbustes à racines nues (voir p. 172), car ils sont moins chers qu'en conteneurs. Espacez-les de 30 à 60 cm : ils vont vite remplir les vides en grandissant. Étalez une couche de paille à leur pied.

Taille

Une haie refuge n'est pas rabattue comme une haie taillée, mais il faut rester attentif, notamment pour éviter que certains sujets ne deviennent des arbres. Rabattez-les quand ils sont jeunes, pour qu'ils forment des cépées et pour que la haie soit dense jusqu'en bas.

Le premier printemps après la plantation, rabattez toutes les pousses d'un tiers. Durant les deux années qui suivent, rabattez au printemps, même si cela crée des vides momentanés.

Rabattez en été les haies à maturité. Mais sur les sujets cultivés pour leurs baies, épargnez les rameaux ayant fleuri. Parmi les déchets de taille, broyez les rameaux ligneux et compostez les pousses vertes (voir p. 71).

Aide-mémoire de la taille

PREMIER PRINTEMPS APRÈS LA PLANTATION :
rabattre toutes les pousses d'un tiers.

DEUX PREMIÈRES ANNÉES APRÈS LA PLANTATION :
rabattre les pousses au printemps.

HAIES MATURES :
tailler en été si nécessaire, mais pas les sujets donnant des fruits.

Haies fleuries

Lorsque la haie est bien établie, laissez-y grimper quelques espèces à fleurs. Le chèvrefeuille (*Lonicera*) donne une floraison estivale parfumée, qui prolonge celle souvent essentiellement printanière de la haie elle-même. La clématite des haies (*Clematis vitalba*) se distingue par des infrutescences plumeuses, qui persistent en hiver et que beaucoup d'oiseaux utilisent pour construire leur nid en mars.

Arbustes pour haie refuge

Nom botanique	Nom commun	Remarques
Berberis darwinii	berbéris	floraison printanière/fruits automnaux
Corylus avellana **d**	noisetier	floraison printanière/fruits automnaux
Cotoneaster lacteus	cotonéaster	floraison estivale /fruits automnaux
Crataegus monogyna **d**	aubépine	floraison printanière/fruits automnaux
Hebe 'Great Orme'	hébé	floraison estivale et automnale ; mellifère
Ilex aquifolium	houx	floraison printanière/fruits automnaux
Prunus spinosa **d**	prunellier	floraison printanière/fruits automnaux
Pyracantha	buisson-ardent	floraison estivale/fruits automnaux
Rosa rugosa **d**	rosier	floraison estivale et automnale**/fruits automnaux
Viburnum lantana **d**	viorne mancienne	floraison printanière et estivale/fruits automnaux

Haies basses

On les utilise souvent comme bordures au potager. Elles apportent de la diversité et attirent les pollinisateurs, comme les haies hautes, mais elles servent parfois de repaire aux limaces. Si vous cultivez des espèces sensibles, notamment des salades, prenez des mesures pour les protéger (voir p. 193).

Arbustes pour haie basse

Nom botanique	Nom commun	Remarques
Buxus sempervirens	buis	croissance lente
Lavandula	lavande	floraison printanière et estivale**
*Rosa** **d**	rosier	floraison estivale et automnale**/fruits automnaux
Rosmarinus	romarin	floraison printanière et estivale**

d décidu

* sujet miniature à fleurs simples ** fleurs comestibles

En haut : à gauche, *Ilex aquifolium* ; à droite, *Rosa rugosa*.
Au centre : à gauche, *Lavandula* ; à droite, *Prunus spinosa*.
En bas : à gauche, *Cotoneaster* ; à droite, *Crataegus*.

La création d'une zone humide et d'une mare

L'eau est essentielle pour toutes les formes de vie et une mare, ou une zone humide, joue un rôle important dans un jardin en permaculture : elle constitue un écosystème en tant que tel, qui enrichit et favorise la biodiversité du lieu.

Vie lacustre

On qualifie de « lacustres » toutes les espèces vivant dans les étendues d'eau douce. Certaines sont aquatiques, alors que d'autres, semi-aquatiques, plongent pour se nourrir et que d'autres encore se contentent de boire. Diverses espèces peuplent une mare établie : grenouilles, crapauds, tritons, libellules, demoiselles (et leurs larves), corises, escargots d'eau et sangsues. Les oiseaux et les petits mammifères viennent sur la rive pour boire, se baigner et se rafraîchir en été.

Poissons

Ils n'ont pas leur place dans une mare, car ils dévorent les invertébrés et les têtards. Pour en élever, créez un bassin à part.

Mare artificielle

Si votre jardin ne compte pas de mare naturelle, de source, de ruisseau ou de puits, vous pouvez tout de même créer une pièce d'eau. Au bout de quelques années, elle jouera, dans l'environnement, le même rôle qu'une mare naturelle.

Une mare bien établie n'a pas besoin d'entretien.

Vue en coupe d'une mare refuge implantée sur bâche.

Plantes pour mare

Plantes oxygénantes

Les plantes oxygénantes submergées fournissent des abris pour des petits animaux aquatiques et des lieux de ponte. Elles permettent aussi de conserver une eau claire.

Callitriche stagnalis (callitriche des étangs)

Ceratophyllum demersum (cornifle immergé)

Myriophyllum spicatum (myriophylle en épis, ci-dessus)

Potamogeton crispus (potamot crépu)

Ranunculus spp. (renoncule d'eau)

Plantes d'eau profonde

Elles s'enracinent dans la vase, au fond de la mare, alors que leurs feuilles sont flottantes. Elles abritent les animaux aquatiques et contribuent à conserver la fraîcheur de l'eau en été : 75 % de la surface de la mare doit être ainsi couverte.

Aponogeton distachyos (vanille d'eau)

Nymphaea spp. (nénuphars, ci-dessus)

Orontium aquaticum (bougie d'eau)

Plantes de rive

De nombreuses espèces se plaisent sur la rive d'une mare, le pied dans l'eau et les tiges et le feuillage au soleil. Elles constituent toutes des abris pour la faune en été. Celles citées ici sont importantes, car leurs hautes tiges permettent aux libellules émergentes – et aux larves aquatiques d'autres insectes – de sortir de l'eau et de prendre leur envol.

Iris pseudacorus (iris des marais, ci-dessus)

Typha ssp. (massettes)

Les tiges, les feuilles et les fleurs des plantes de rive sont en général émergées.

Les feuilles flottantes des plantes d'eau profonde limitent en été le réchauffement de l'eau et le taux d'évaporation.

Note :

Les plantes aquatiques sont toujours vigoureuses et parfois envahissantes. Il faut donc les restreindre et les limiter périodiquement, pour en garder le contrôle.

La création d'une mare

Elle demande des travaux initiaux assez rudes, mais l'entretien est ensuite très facile. En effet, une fois la mare établie, ce sont essentiellement les plantes et les animaux qui l'entretiennent.

Remontée de nappe phréatique

Si une zone de votre jardin est concernée par la remontée de la nappe phréatique, avec un solde argileux, vous pouvez simplement creuser à la profondeur désirée, stabiliser le fond et les bords et laisser l'eau remplir la mare. Mais en cas de sécheresse, le niveau peut baisser.

Une mare sur bâche

Les bassins préformés rigides sont difficiles à installer. Pour créer plus facilement une mare à l'aspect naturel, mieux vaut une bâche souple.

Implantation de la mare

Puisque l'eau coule de haut en bas, la mare semblera plus naturelle si vous l'établissez dans la partie la plus basse du jardin. En outre, cela lui permettra de collecter les eaux de ruissellement. Placez-la en plein soleil, pour prévenir la prolifération des algues qui pourraient étouffer les autres plantes. Évitez aussi le surplomb des grands arbres, car les feuilles tombées dans l'eau y pourrissent et génèrent des gaz.

Couches du sol

En creusant, séparez en deux tas la terre superficielle, fertile, utilisable ailleurs au jardin, et celle du sous-sol.

Pour creuser la mare

- TRACEZ au sol la forme de la mare, avec un tuyau d'arrosage ou une corde.
- CREUSEZ en ménageant un palier tout autour, ou seulement d'un côté, pour les plantes de rive. Utilisez un niveau à fioles pour régler l'horizontalité.
- ÉTALEZ SUR LE FOND des cartons ou des journaux humides, ou de vieilles chutes de moquette, pour éviter que les pierres ne déchirent la bâche.
- ÉTALEZ LA BÂCHE sur le sol de la mare.
- ÉTALEZ UNE COUCHE de bonne terre d'une épaisseur de 10 cm.
- REMPLISSEZ la mare d'eau.
- RECOUPEZ LA BÂCHE pour épouser les rives.

L'eau sera boueuse au début mais, au bout de quelques jours, la terre se déposant, elle sera parfaitement claire.

La taille de la bâche

Pour calculer les dimensions de la bâche :

- Mesurez la longueur et la largeur souhaitées de la mare.
- Décidez de la profondeur maximale – dans l'idéal, 50 cm. Doublez cette dimension et ajoutez le résultat à la longueur comme à la largeur.
- Ajoutez aussi une marge de 15 cm tout autour, pour le recouvrement.

La création d'une mini-mare

Si vous n'avez pas assez de place pour une vraie mare, optez pour une version mini. Dans un massif, ce point d'eau rafraîchira l'air autour des plantes et réfléchira vers elles la lumière.

1. **Creusez un trou** assez grand pour y placer le récipient choisi.

2. **Étalez une couche** de sable sur le fond.

3. **Placez le récipient** – un seau ou une poubelle – en lui donnant une bonne assise sur le sable.

Posez un tasseau en travers, avec dessus un niveau à bulles, pour vérifier l'horizontalité.

4. **Disposez des pierres** dans le récipient pour créer un escalier, afin de permettre aux petits mammifères tombés dans l'eau de remonter.

5. **Remplissez le récipient** d'eau. Ajoutez des plantes oxygénantes et un nénuphar nain.

La bonne place pour la mini-mare

Creusez-la en plein soleil. Un nénuphar nain évitera la surchauffe de l'eau et une trop forte évaporation.

Sur une terrasse

Il est possible de créer une mini-mare sur une terrasse. Posez un récipient et entourez-le de pierres ou de briques, jusqu'au bord : cet environnement maintiendra l'eau fraîche en été et attirera une faune sauvage diversifiée.

Niveau de l'eau

Surveillez le niveau de l'eau en été et compensez régulièrement l'évaporation. Cette précaution permet aussi de garder à l'eau sa clarté.

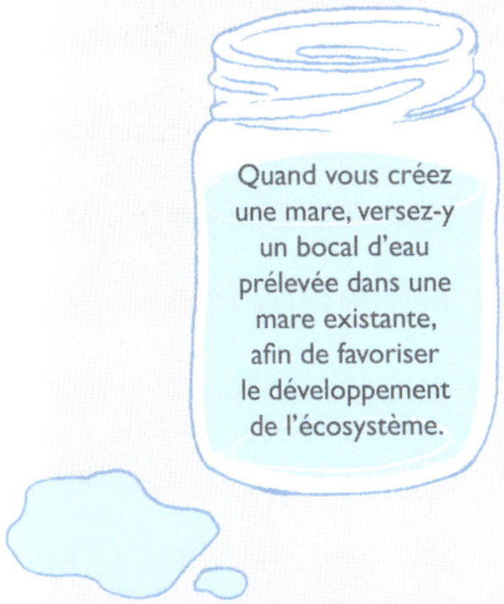

L'élevage des abeilles

Pollinisatrices de nombreuses plantes alimentaires, les abeilles sont essentielles à la survie des écosystèmes. Elles sont aussi précieuses pour le miel, longtemps utilisé comme édulcorant naturel et estimé pour ses vertus médicinales. En outre, leur cire sert à faire des bougies, pour s'éclairer ou pour chauffer, des savons et d'autres produits cosmétiques.

Placez la ruche dans un endroit abrité du jardin.

Les abeilles visitent surtout les fleurs largement ouvertes, aux étamines apparentes, dont le pollen est facilement accessible.

Les abeilles en permaculture

Elles incarnent un principe important de la permaculture : tirer le meilleur parti de ressources limitées. Elles visitent de larges zones, notamment des écosystèmes pauvres, et réussissent à produire du miel, riche en minéraux et en sucre complexe – et délicieux ! Même si vous n'entretenez pas de ruche, cultivez des plantes à fleurs pour attirer chez vous les abeilles.

L'apiculture demande une formation et il faut un équipement spécial pour prendre soin des abeilles et récolter le miel. Mais si vous cultivez des plantes à fleurs réputées pour leur richesse en pollen, vous pouvez héberger une ruche, même si vous ne voulez pas récolter vous-même le miel. Il y a en général une ruche dans les jardins collectifs : elle est entretenue par un apiculteur, qui partage le miel en échange de fruits et de légumes.

Où placer les ruches ?

Il faut les tourner face à l'est, pour qu'elles bénéficient du soleil levant, en situation abritée pour qu'elles soient protégées des fortes intempéries.

Note : Si la ruche est située près d'un champ de colza, les abeilles iront butiner cette source importante de pollen. Mais elles produiront un miel de couleur pâle et relativement insipide.

Syndrome d'effondrement des colonies

Le déclin des populations d'abeilles dû au syndrome d'effondrement des colonies est très inquiétant. Ce phénomène se traduit par la disparition d'une grande partie des ouvrières ; seule la reine subsiste, avec beaucoup de nourriture et quelques nourrices qui s'occupent des larves. Il est sans doute dû à l'agriculture intensive, qui réduit les habitats et utilise des pesticides, même si l'on a évoqué également une maladie et des facteurs génétiques.

Des études récentes et encourageantes ont montré qu'avec des soins spécifiques, la situation pourrait s'améliorer sur ce plan.

De l'eau pour les abeilles

Quand il fait chaud, les abeilles ont besoin de boire. Remplissez des écuelles d'eau, en ajoutant des galets et des pierres, afin que les insectes puissent boire sans risquer de se noyer.

Les plantes mellifères

Les abeilles butinent de nombreuses espèces, mais celles-ci sont particulièrement importantes en permaculture :

Achillea millefolium (achillée millefeuille)
pour friches et bordures

Agastache foeniculum (grande hysope)
à protéger en région froide

Echinacea purpurea (échinacée pourpre)
floraison automnale

Erica/Calluna/Daboecia spp. (bruyères)
sol acide (pour certaines) ; excellent miel

Eutrochium spp. (eupatoire)

Hedera spp. (lierre)
floraison automnale

Helianthus spp. (tournesol)

Lavandula spp. (lavande)
excellent miel

Monarda punctata (monarde ponctuée)

Rudbeckia fulgida

Solidago spp. (verge-d'or)
pour friches et bordures

Trifolium spp. (trèfle)
à laisser se développer sur pelouse ; excellent miel

En haut : à gauche, *Trifolium* spp. (trèfle) ; à droite, *Eutrochium* spp. (eupatoire).

Au centre : à gauche, *Erica/Calluna/Daboecia* spp. (bruyères) ; à droite, *Achillea millefolium* (achillée millefeuille).

En bas : à gauche, *Rudbeckia fulgida* ; à droite, *Echinacea purpurea* (échinacée pourpre).

L'élevage de poules et d'autres volailles

Si vous avez l'intention d'intégrer l'élevage à votre système de permaculture, les poules conviennent parfaitement pour débuter. Elles sont assez faciles à élever, même dans un petit jardin. N'oubliez pas de prévoir le temps nécessaire pour ramasser les œufs quotidiennement, si les poules sont en parcours libre.

Les poules s'inscrivent entièrement dans les principes de la permaculture, puisque tous les éléments investis sont compensés par des retours. Dans ce cas, les besoins sont simples et les bénéfices peuvent être énormes. On fournit aux poules le logement et la nourriture et, en échange, elles vous donnent les œufs et la viande. En outre, elles grattent et aèrent le sol, dévorent des parasites et fertilisent par leurs fientes.

Fientes de poules

Ce fumier est riche en acide urique et il est considéré comme « chaud ». Par contact direct, il peut en effet brûler les feuillages délicats. En revanche, on peut l'intégrer au tas de compost, car c'est un bon activateur, ou le composter lui-même.

Le poulailler

Il peut être en bois ou en matière plastique (les poulaillers en plastique sont souvent faits de matériaux recyclés). Dans un jardin en permaculture, placez-le en zone 2 (p. 13 et 30),

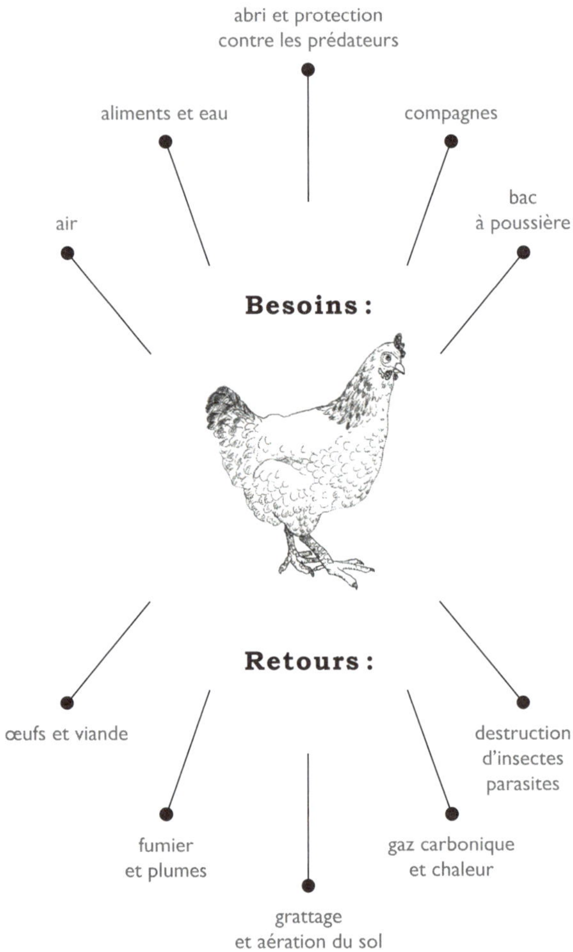

Besoins et production des poules

à côté de la partie la plus productive. Les poules doivent être enfermées le soir, quand les prédateurs deviennent très actifs.

Elles ont besoin d'un parcours sécurisé : un enclos attenant au poulailler, qui peut lui être intégré ou être conçu comme une structure indépendante qui l'englobe. Il existe des petits poulaillers légers et mobiles, que l'on déplace de manière que chaque partie du jardin bénéficie de l'activité des poules. On peut aussi laisser celles-ci en parcours libre dans le jardin, au moins de temps en temps, si leur sécurité est assurée.

La volaille a besoin d'ombrage en été. Couvrez l'enclos, au moins en partie, de panneaux ondulés. En parcours libre, assurez-vous qu'il y a des zones suffisamment ombragées, par exemple près des haies, des murs ou des clôtures, ou sous un arbre.

Pour nourrir les poules

Elles ont besoin de protéines, de vitamines et aussi de calcium, important pour la formation des œufs. Les aliments du commerce pour poules pondeuses contiennent les nutriments nécessaires.

Vous pouvez aussi leur donner des déchets de la cuisine, mais sans excès de matières vertes, ainsi que de l'herbe coupée, des mauvaises herbes et des feuilles de chou et d'autres légumes verts. Il est même judicieux de cultiver quelques choux fourragers, pour pouvoir leur en donner toute l'année.

N'oubliez pas non plus l'abreuvoir, qu'il faut placer à l'ombre pendant l'été.

Note : l'avocat est toxique pour les poules.

Note :

Les poules travaillent fort bien le sol au pied des framboisiers, des lyciets (qui donnent les baies de goji) et des caraganiers de Sibérie (ou pois de Sibérie).

Les poules au jardin

Les poules et les autres volailles peuvent causer des dégâts en becquetant les légumes et en dérangeant le sol. Mais elles sont également utiles dans les cultures bien établies et parmi les arbustes. En effet :

- elles fertilisent le sol par leurs fientes ;
- elles dévorent les fruits tombés qui pourraient pourrir et transmettre des maladies.

En hiver, laissez-les entrer dans les serres : la chaleur de leur corps augmentera légèrement la température. Pour éviter les dégâts sur les plantes, cultivez celles-ci en pots, sur des tablettes.

Gravier

Il est important dans le régime alimentaire des poules. Il favorise la digestion et la formation de coquilles d'œufs solides. Les volailles en trouvent d'elles-mêmes quand elles sont en parcours libre, si celui-ci est assez vaste. Sinon, mettez à leur disposition du gravier de silex et des coquilles d'huîtres.

Les canards

Ils ont besoin de plus d'espace que les poules, et d'un parcours plus vaste. Ils excellent à trouver eux-mêmes leur nourriture, mais ils ne grattent pas beaucoup le sol et causent quelques saletés.

Leur habitat peut être un simple abri, similaire à un poulailler. Contrairement aux autres volailles, qui aiment se percher, ils dorment en général au sol, sur de la paille ou sur des copeaux. Une bonne aération est essentielle, car ils sont sensibles aux maladies respiratoires.

Les canards doivent disposer d'une mare assez grande pour nager et plonger. Lorsque c'est possible, placez leur abri sur une île, au milieu de l'eau : ils y seront à l'abri des prédateurs.

Donnez-leur un aliment du commerce, complété par des restes de riz et de pâtes cuites. Comme les poules, ils ont besoin de gravier pour digérer. Dans le jardin, ils mangent des limaces et des insectes, et éliminent donc les ravageurs et les parasites.

Les œufs de cane sont plus gros que ceux de poules, avec un goût plus intense. Comme leur coquille est poreuse et permet aux bactéries de s'introduire à l'intérieur, il faut les manger très frais.

Dindes et pintades

Les dindes sont élevées pour la chair. Pour le logement, comptez 4 à 5 m^2 pour 2 ou 3 dindes.

Elles sont rustiques et résistent au froid, mais demandent à être abritées de la pluie, de la neige et de la chaleur estivale.

Contrairement aux poules, les pintades ne rentrent pas d'elles-mêmes dans un poulailler pour la nuit. Elles préfèrent se percher dans un arbre, mais elles y sont vulnérables aux prédateurs. Si vous achetez des poussins, habituez-les à rentrer le soir dans un abri sûr. Elles ont besoin de plus d'espace que les poules, et un vaste abri, ou un hangar, est plus adapté qu'un poulailler.

La pintade pond n'importe où, mais souvent dans les touffes d'orties. La coquille des œufs est très solide.

L'élevage de chèvres

Il a beaucoup d'avantages, mais demande du temps et un investissement, puisque les chèvres doivent être bien logées et bénéficier de soins vétérinaires.

Les chèvres sont des animaux sociaux et il en faut au moins deux pour qu'elles soient heureuses. Mieux vaut aussi qu'elles proviennent du même troupeau, pour qu'elles se connaissent. Si vous constituez un troupeau de différents âges et provenances, assurez-vous qu'il n'y a pas de sujet trop brutal ou au caractère trop dominant.

Les boucs non castrés sont souvent agressifs et difficiles à contrôler. Mieux vaut les laisser aux éleveurs. Les boucs castrés peuvent rester avec les chèvres. Les chèvres pygmées (40 à 55 cm à l'encolure) demandent moins d'espace que les grandes.

Les chèvres sont curieuses et ont besoin d'espace pour explorer et pâturer. Elles n'aiment pas l'humidité et doivent avoir accès à un abri. Et elles ne devraient théoriquement pas être attachées.

La chèvrerie

L'abri doit être sec et bien aéré, mais sans courant d'air et assez haut pour permettre aux chèvres de se dresser sur leurs pattes de derrière, la tête levée. Un sol bétonné est plus facile à nettoyer. Il faut le laver et le désinfecter régulièrement, pour prévenir les parasites.

Un enclos, attenant, est utile pour parquer les chèvres lorsque leur parcours est indisponible – peut-être parce qu'il est trop piétiné ou trop humide. Prévoyez 8 à 9 m² par chèvre.

Chèvres laitières

Une chèvre en lactation doit être traite deux fois par jour. Elle peut produire 2 à 5 l de lait par jour (selon la race). Il arrive qu'une chèvre de race laitière commence à donner du lait avant d'être accouplée.

Clôtures

Les chèvres peuvent passer à travers les haies en les dévorant et escaladent aisément les fossés et les murs. Entourez donc l'enclos de solides panneaux de bois ou de métal. Et contrôlez-les régulièrement, car les chèvres réussissent à les renverser en s'y frottant et peuvent même creuser au-dessous. La clôture doit mesurer au moins 1,20 m de haut.

Alimentation

Si les chèvres broutent beaucoup de choses, il faut aussi leur donner de la paille, du foin et de l'aliment pour chèvres du commerce. Le foin doit toutefois représenter 50 % de leur alimentation. Par ailleurs, fixez une pierre à sel sur le mur de leur abri. Et elles doivent disposer d'un abreuvoir toujours rempli d'eau fraîche et propre.

Plantes toxiques

Les plantes ci-dessous sont toxiques pour les chèvres :

Alnus spp.
aulne

Delphinium spp.
delphinium

Helleborus spp.
hellébore

Juglans regia
noyer

Laburnum spp.
laburnum

Ligustrum spp.
troène

Lonicera spp.
chèvrefeuille

Rhododendron spp.

Taxus baccata
if

Toutes les plantes bulbeuses

Avant de vous lancer

Rejoignez une organisation d'éleveurs de chèvres et visitez un élevage professionnel, où l'on vous donnera de précieux conseils.

Planifier les cultures et le jardin

Pour tirer le meilleur rendement de votre terrain, il faut planifier les cultures. Vous avez déjà repéré les zones de soleil et d'ombre, et vous êtes donc à même d'attribuer à chaque plante la place qui lui convient. Et vous devez planifier non seulement pour l'avenir immédiat, mais aussi pour le long terme.

En organisant votre jardin, il faut accepter que certaines zones, celles par exemple plantées d'arbustes à petits fruits, ne donnent rien, ou presque, la première année. L'espace autour des jeunes plantes peut être utilisé pour des cultures à croissance rapide.

Pour cultiver les fruits et les légumes

Si vous avez de la place, cultivez-les dans une partie spécifique du jardin, de préférence en zone 2 (voir p. 13 et 30), pour qu'ils soient facilement accessibles depuis la maison.

Culture en lignes

C'est la méthode traditionnelle : les différentes espèces potagères sont alignées sur une plate-bande. C'est assez pratique, même s'il est parfois difficile de récolter au milieu de la plate-bande, sauf si elle assez étroite pour que l'on puisse le faire depuis le sentier.

Culture en planches

Chaque planche est consacrée à un type de légumes et elle est assez petite pour que l'on en atteigne facilement le milieu. Les planches sont rectangulaires ou carrées, ou parfois rondes ou irrégulières. Les planches surélevées (voir p. 64) répondent à certaines situations.

Pour densifier les cultures, réduisez la largeur des allées. Il faut simplement avoir la place d'y passer la brouette, pour récolter ou transporter le paillis destiné à couvrir le sol.

La situation

Les fruits et légumes demandent en général une situation bien ensoleillée et abritée des vents forts, et une terre fertile et bien drainée. En terre lourde ou sèche, faites appel aux planches surélevées et aux techniques d'amélioration du sol, comme le paillage en couches (p. 68) ou la *Hügelkultur* (p. 66).

Les légumes sont souvent cultivés en lignes.

Sur de petites planches rectangulaires, les légumes sont faciles à récolter.

Fertilisez le sol

Comme les plantes fruitières et potagères consomment les nutriments du sol (tout en en produisant elles-mêmes par la photosynthèse), il faut le fertiliser en permanence. Paillez au printemps, avec des matières organiques bien décomposées et, plus tard, lors du repiquage des plants.

Planifiez les cultures

Un jardin peut être productif à toute époque de l'année et vous pourrez donc dresser un programme ou utiliser l'aide-mémoire de droite. Essayez d'étaler dans le temps la charge de travail, pour l'équilibrer. Une rotation stricte des cultures (souvent pratiquée) n'est pas absolument nécessaire, mais il est judicieux d'alterner annuellement les cultures dans chaque planche, pour éviter la transmission des maladies.

Plantes potagères ornementales

De nombreuses espèces potagères et fruitières peuvent être cultivées au jardin d'ornement, avec les fleurs. Mais il faut qu'elles aient suffisamment d'espace et de lumière pour donner tout leur potentiel.

Aide-mémoire : les bonnes questions à se poser

EAU
Quelles sont les exigences d'une plante en matière d'arrosage ?

- VITESSE DE CROISSANCE
  Rapide ou lente ?
- TEMPÉRATURES DE GERMINATION ET DE CROISSANCE
  Faudra-t-il semer sous verre avant de repiquer en place ?
- LUMIÈRE
  Quelles plantes demandent le plein soleil ?
- OMBRE
  Faudra-t-il utiliser des claies à ombrer ?
- FERTILITÉ DU SOL
  Faudra-t-il fertiliser la terre avant de planter ?
- PROTECTION CONTRE LE FROID OU LE VENT
  Devrez-vous utiliser des cloches ou des écrans brise-vent ?

Dans une plate-bande mixte, les légumes voisinent avec des plantes ornementales.

La première année

Dans un jardin, la première année est exaltante : vous découvrez que vous pouvez produire beaucoup dans un laps de temps relativement court. Les récoltes, essentiellement des légumes, proviennent de plantes annuelles. Vous plantez aussi des vivaces potagères, des arbustes et des arbres, mais ils ne donneront que dans quelques années.

En haut : courge ; en bas : chou-rave.

Arrachez les mauvaises herbes, qui concurrencent les plantes potagères.

On peut semer et récolter pratiquement toute l'année, mais les périodes les plus actives sont le printemps, avec le semis de la majorité des légumes, et l'été, avec les premières récoltes et la mise en place des cultures de remplacement, qui donneront plus tard dans l'année. On effectue encore des semis en automne. Les planches du potager sont en général vides en hiver, et c'est donc le moment pour semer des engrais verts (voir p. 86).

Quelles plantes cultiver ?

Choisissez les plantes potagères de façon à avoir toujours le plus grand nombre possible de légumes en terre à chaque période de l'année, afin d'obtenir des récoltes régulières sur le long terme. Certaines annuelles, comme la pomme de terre et le navet, ont une croissance lente et occupent le sol plusieurs mois. D'autres, comme les salades, poussent rapidement. Les plantes susceptibles d'être récoltées à divers stades de leur croissance sont très utiles en permaculture. Par exemple, on peut récolter les jeunes pousses de la betterave, pour les salades, et ensuite les racines quand elles ont la grosseur d'une balle de golf – ou attendre qu'elles aient celle d'une balle de tennis.

Les différents légumes

Techniquement, on appelle « légume » la partie comestible d'une plante potagère. Ce sont donc les racines, les feuilles, les tiges et les fruits, mais aussi, dans certains cas, les fleurs et les graines.

Légumes-feuilles

On les récolte souvent jeunes – les salades, par exemple, lorsqu'elles sont encore tendres. Si on les laisse fleurir et monter en graine, les feuilles deviennent dures et prennent un goût désagréable. Les choux, avec leurs feuilles épaisses, ont une croissance lente et certains peuvent être conservés en hiver.

Légumes-racines

Ils sont généralement à croissance lente et demeurent plusieurs mois dans la terre, à l'exception des radis et des betteraves, que l'on peut récolter jeunes. Certains donnent aussi des feuilles comestibles.

Légumes-tiges

Certaines plantes potagères sont cultivées pour leurs tiges, comme le céleri-branche. La récolte intervient au bout de plusieurs mois. (L'asperge et la rhubarbe, que l'on peut classer parmi les légumes-tiges, sont des vivaces.)

Légumes-fruits

Ce vaste groupe comprend la tomate, le concombre, le poivron, l'aubergine et la courgette. Ces plantes sont souvent un peu frileuses et doivent être semées sous verre – et même cultivées entièrement sous serre dans les régions fraîches.

Légumes-graines

Ce sont essentiellement les plantes de la famille des légumineuses, comme le haricot et le pois. Les formes grimpantes donnent une belle récolte, étant donné le peu d'espace qu'elles occupent. En outre, elles font de l'ombre et il faut en tenir compte dans les plans de culture.

Les plantes donnant une récolte la première année

Les plantes potagères annuelles se récoltent l'année du semis – au bout de quelques semaines... ou plusieurs mois. Les bisannuelles se récoltent la 2e année, mais en général en moins de 12 mois.

Pomme de terre (*Solanum tuberosum*)

On ne sème pas la pomme de terre, contrairement à la majorité des autres légumes. On l'achète sous forme de tubercules (« semences ») en mars-avril. Et la récolte obtenue est plus importante si on laisse la plante longtemps en terre.

- POMME DE TERRE NOUVELLE
  Récoltez-la quand les fleurs s'ouvrent, ou juste avant.
- POMME DE TERRE DE PLEINE SAISON
  Récoltez-la en automne ; laissez-la en terre aussi longtemps que possible.

Dans les zones fraîches, protégez les jeunes pousses du froid tardif nocturne en les recouvrant de papier journal.

Ces légumes – racines, feuilles, tiges et graines – donnent une récolte dans l'année.

Nom botanique	Nom commun	Période de semence	Période de récolte
Allium cepa	échalote	hiver/printemps	juin
Allium cepa	oignon	printemps-été	printemps-été-automne
Allium cepa	oignon blanc	printemps-été	été-automne
Allium fistulosum	ciboule	printemps-été-automne	toute l'année
Allium porrum	poireau	février-mars	été-automne-hiver
Allium sativum	ail	automne-printemps	été-automne
Apium graveolens	céleri-rave	mars-avril	été-automne-hiver
Apium graveolens	céleri-branche	printemps	été-automne
Beta vulgaris	blette	printemps-été	toute l'année
Beta vulgaris	betterave	printemps-été	printemps-été-automne
Brassica juncea	moutarde brune	été	automne-printemps
Brassica napus	rutabaga	printemps	automne-hiver
Brassica oleracea	chou brocoli	printemps	printemps (2e année)
Brassica oleracea	chou de Bruxelles	printemps	automne
Brassica oleracea	chou pommé	printemps-été	toute l'année

Nom botanique	Nom commun	Période de semence	Période de récolte
Brassica oleracea	chou brocoli à jets	mai-juin	été-automne
Brassica oleracea	chou-fleur	été-automne-hiver	toute l'année
Brassica oleracea	chou frisé	printemps	été-automne-hiver
Brassica oleracea	chou-rave	printemps-été	printemps-été-automne
Brassica rapa	chou chinois	juin	été
Brassica rapa	pak choi	toute l'année	toute l'année
Brassica rapa	navet	mars à juillet	été-automne
Cichorium endivia	chicorée	printemps-été	printemps-été
Cichorium intybus	barbe-de-capucin	printemps-été	été-automne-hiver
Daucus carota	carotte	printemps-été	été-automne-hiver
Eruca versicaria	roquette	toute l'année	toute l'année
Foeniculum vulgare	fenouil bulbeux	printemps-été	été-automne
Latuca sativa	laitue	printemps-été-automne	printemps-été-automne
Pastinaca sativa	panais	printemps	automne-hiver
Phaseolus coccineus	haricot d'Espagne	printemps	été
Phaseolus vulgaris	haricot	printemps-été	été-automne
Pisum sativum	pois	printemps-automne	printemps-été
Raphanus sativus	radis de tous les jours	toute l'année	toute l'année
Spinacia oleracea	épinard	printemps	printemps-été
Vicia faba	fève	printemps-automne	printemps-été-automne

De haut en bas : betterave ; chou pommé ; pois gourmand.

Les légumes-fruits et aromates

De nombreuses plantes potagères sont cultivées pour leurs fruits, et ceux-ci ont en général besoin de beaucoup de soleil pour mûrir. Elles sont originaires de zones chaudes et on les cultive souvent sous serre, en particulier dans les régions fraîches. Semez-les au printemps, pour une récolte estivale et automnale.

Légumes-fruits

Nom botanique	Nom commun	Remarques
Capsicum annuum	poivron	tropical ; sous serre en zone fraîche
Capsicum annuum	piment	tropical ; sous serre en zone fraîche
Cucumis melo	melon	tropical ; sous serre en zone fraîche
Cucumis sativus	concombre	certaines variétés sous serre, en zone fraîche
Cucurbita maxima, C. moschata	potiron	les graines sont en général comestibles
Cucurbita pepo	courgette	tropical ; sous serre en zone fraîche
Lycopersicon esculentum	tomate	la culture en conteneurs évite les maladies liées au sol
Solanum melongena	aubergine	tropical ; sous serre en zone fraîche
Zea mays	maïs	semez en groupe et non en ligne, pour une récolte plus abondante

Eau

Pour se développer harmonieusement, les légumes-fruits ont besoin d'arrosages réguliers toute la saison.

De haut en bas : piment ; courgette ; maïs.

De gauche à droite : sauge ; fenouil ; romarin.

Nom botanique	Nom commun	Remarques
Allium schoenoprasum	ciboulette	**V** fleurs comestibles
Anethum graveolens	aneth	**An**
Armoracia rusticana	raifort	**V** cultivé surtout pour sa racine
Artemisia dracunculus	estragon	**V** à protéger en hiver en région fraîche
Coriandrum sativum	coriandre	**An**
Foeniculum vulgare	fenouil	**V** graines comestibles
Laurus nobilis	laurier	**Ar** excellent en bordure et haie
Lavandula angustifolia	lavande	**Ar** fleurs comestibles ; excellent en bordure
Mentha spicata	menthe	**V** préfère l'ombre ; parfois invasive
Ocimum basilicum	basilic	**An** tropical ; à abriter du froid
Origanum vulgare	origan	**V**
Petroselinum crispum	persil	**An**
Rosmarinus officinalis	romarin	**Ar** fleurs comestibles ; excellent en bordure
Rumex acetosa	oseille	**V** convient en forêt nourricière
Salvia officinalis	sauge	**V**
Thymus vulgaris	thym	**V**

Plantes aromatiques

On les cultive essentiellement pour leurs feuilles, utilisées en petite quantité pour rehausser les plats. Elles peuvent être annuelles, vivaces ou arbustives, et beaucoup sont vendues en godets, ce qui permet, dans tous les cas, de récolter dès la première année suivant la plantation.

Les plantes potagères poussent bien en pots et on les plante souvent sur une terrasse, près de la maison (zone 0, voir p. 13), de manière à les avoir à portée de main pour la cuisine. Pour récolter sur une longue période, cultivez plusieurs pieds de chaque espèce en alternant les prélèvements.

Semis des annuelles

Semez-les au printemps, pour avoir des feuilles tout l'été. Vous pouvez aussi le faire en août-septembre et conserver les pieds sous châssis, pour récolter durant l'hiver. Les feuilles peuvent être congelées ou séchées au four, à basse température, et conservées en bocaux fermés.

Un coin de plantes aromatiques vous permet de rehausser la saveur de vos plats.

V – vivace
An – annuelle
Ar – arbuste

La culture des annuelles

On peut les semer de différentes manières, selon les conditions nécessaires à la germination et la taille des graines. Et le semis peut se faire en pleine terre ou sous verre, à l'intérieur, en caissette ou en plateau, avant le repiquage à l'extérieur.

Semis de graines en pleine terre

Pour les graines assez grosses pour être semées individuellement, adoptez l'espacement préconisé pour la plante adulte. Pour les graines fines, semez clair sur la ligne.

1. Ameublissez la terre et éliminez les mauvaises herbes.

2. Ouvrez un sillon de faible profondeur en pressant un tasseau ou une barre de bois ronde sur la terre.

3. Semez les graines individuellement, en les espaçant à la distance préconisée sur le paquet. Enfoncez-les légèrement dans la terre.

4. Recouvrez les graines d'un peu de terre fine.

Étalez les semis

Étalez les semis sur 2 ou 3 mois, pour récolter sur une longue période, jusqu'en hiver.

Éclaircissage des semis

Pour les graines fines, dès que les plantules sont assez grandes, éclaircissez à la distance préconisée pour l'espèce. Les plantules prélevées sont souvent délicieuses en salade ; sinon, mettez-les sur le compost.

Semis sous verre

Les annuelles peu rustiques, dont la germination nécessite une température élevée, sont semées soit sous serre, soit à l'intérieur, près d'une fenêtre bien éclairée. Une mini-serre chauffée permet d'obtenir la température optimale.

Si les graines sont assez grosses pour être manipulées individuellement, semez-les en plateau à alvéoles ou en godets. Et pour les graines fines, utilisez une caissette.

Dans ce dernier cas, repiquez les plantules en plateau ou en godets dès qu'elles ont leur seconde paire de feuilles. Manipulez-les par les feuilles, non par la tige ou les racines.

Endurcissement

Les plantes semées à l'intérieur doivent être acclimatées aux conditions extérieures avant d'être repiquées en pleine terre. Lorsque le temps commence à se réchauffer, endurcissez-les pendant 2 ou 3 semaines en les sortant pendant la journée et en les abritant sous châssis froid ou à l'intérieur pendant la nuit. Repiquez-les quand leurs racines sont bien développées et qu'il n'y a plus de risque de gelée. En cas de coup de froid inattendu, protégez-les sous cloche.

Récolte

Récoltez dès que la plante est assez développée. Les jeunes pousses sont plus tendres et cuisent plus vite – et on peut souvent les manger crues. Les légumes laissés longtemps sur le pied sont plus gros, mais souvent plus fibreux. Ils sont adaptés à la conservation.

Conservation des oignons

On peut arracher les oignons pendant la saison pour les utiliser immédiatement, mais il est judicieux d'en cultiver spécialement pour la conservation hivernale.

1. ATTENDEZ QUE LE FEUILLAGE SOIT FANÉ. Arrachez alors toute la plante, en prenant soin de ne pas endommager le bulbe. Opérez de préférence par temps sec.

2. LAISSEZ LES OIGNONS RESSUYER SUR PLACE 10 JOURS, si possible au soleil – si le temps se met à la pluie, abritez-les sous la serre, dans un appentis ou même dans la cuisine. Disposez-les en clayettes sur une couche ou mettez-les dans des filets. Placez-les dans un lieu bien aéré.

3. Lorsque les oignons sont bien secs, CONSERVEZ-LES EN CLAYETTES, en cageots ou en filets, dans un local frais, sec et obscur.

Récoltez vos propres graines

Plutôt que d'acheter des graines en sachets chaque année, récoltez-les vous-même. Laissez quelques plantes sur pied et, quand les graines sont mûres, récoltez-les et faites-les sécher, pour les semer au printemps suivant. Et vous pouvez aussi les échanger au sein des associations de jardinage et de jardins collectifs.

Les plantes ci-dessous donnent des graines faciles à conserver :

- Basilic
- Betterave
- Blette
- Chicorée
- Ciboulette
- Fenouil
- Haricot
- Laitue
- Persil
- Pois
- Roquette
- Souci
- Tomate

Récolte des graines

Laissez les plantes sur pied, au lieu de les récolter jeunes – comme la betterave et les salades. Elles fleurissent et leurs graines mûrissent au cours de l'été.

Quand les infrutescences se dessèchent : cueillez-les et secouez-les sur une feuille de papier. Il faut souvent presser les capsules ou les fruits pour faire sortir les graines. Pliez la feuille et faites glisser les graines dans une enveloppe ou un bocal étanche. Mettez une étiquette avec le nom de l'espèce.

Stockage des graines

Quand elles sont sèches, conservez les graines, pour les semer l'année suivante, dans un lieu frais et sec (le réfrigérateur est idéal) pour prévenir la germination ou la pourriture.

Semis spontanés

Certaines plantes, quand on les laisse monter en graine, se ressèment spontanément. Au printemps, repérez les plantules intéressantes. Repiquez-les ou laissez-les sur place et récoltez-les en temps et en heure.

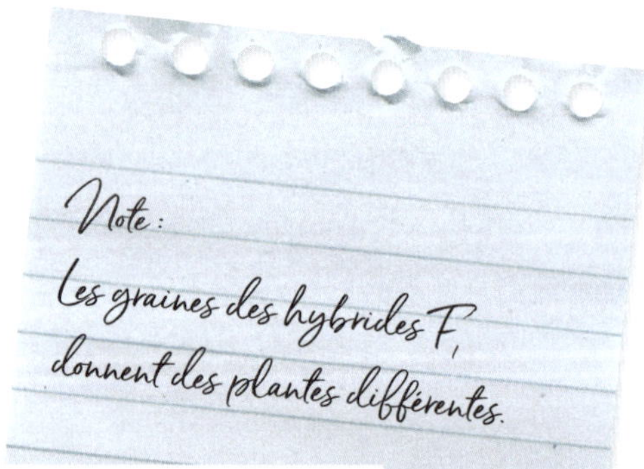

Les hybrides F_1

Pour produire un hybride F_1 (de première génération), les semenciers doivent développer deux lignées d'une espèce, présentant certaines caractéristiques (fruits plus gros, résistance aux maladies, couleur des fleurs…). Elles sont ensuite croisées pour donner des graines de « première génération » ayant les caractères des deux lignées et la vigueur d'un hybride.

Notez que les graines des hybrides F_1 ne donnent pas toutes les mêmes plantes – certaines reproduisent les caractères des ancêtres de l'hybride.

1

Récolte de graines de tomate

Chez la tomate, les graines baignent dans une pulpe gélatineuse, qui pourrit vite. Il faut donc en libérer les graines, pour les faire sécher et les conserver. Le processus demande 4 ou 5 jours.

1. **Choisissez une tomate bien mûre** et coupez-la en deux. **À l'aide d'une petite cuillère,** extrayez la pulpe contenant les graines.

2

3

2. **Mettez la pulpe dans un bocal à demi rempli** d'eau et remuez doucement.

3. **Couvrez le bocal** avec du film étirable. Faites des trous dedans avec une brochette ou **la pointe d'un couteau.** Placez le bocal à une température d'environ 20 °C.
Le lendemain, retirez le film et remuez doucement. Replacez le film. Répétez l'opération chaque jour, jusqu'à ce que les graines se soient détachées.

4. **Retirez le film.** À l'aide d'une cuillère, éliminez l'écume de surface. Versez le tout dans un chinois.

5. **Rincez les graines** sous l'eau, puis étalez-les sur une feuille d'essuie-tout, en les espaçant régulièrement. Placez-les dans un endroit chaud et sec pendant une semaine, en les retournant de temps en temps, pour que le séchage soit homogène.

4

Graines de tomate :
Elles coûtent en général assez cher. Certaines variétés sont autofertiles et leurs graines donneront des plantes filles identiques. Sur ce plan, les variétés anciennes offrent le meilleur résultat.

5

Les plantes donnant une récolte à partir de la 2e année

Les petits fruits sont d'un grand intérêt. Une fois l'arbuste établi, l'entretien est minimal et les récoltes sont belles : elles interviennent surtout en été, mais aussi en automne pour certains framboisiers. Les baies se mangent crues, souvent sans sucre, mais on peut aussi les faire cuire légèrement ou les congeler.

En haut : fleurs de myrtillier.
En bas : cassissier.

Arbustes à petits fruits

Ils fleurissent au printemps et fructifient en général en été.

Nom botanique	Nom commun	Remarques
Ribes nigrum	cassissier	fruits riches en vitamine C
Ribes sativum	groseillier	fruits rouges ou blancs
Ribes uva-crispum	groseillier à maquereau	fruits souvent cuits
Rubus hybrids	mûre et hybrides	acceptent l'ombre ; préfèrent un climat frais et humide
Rubus idaeus	framboisier	les remontants donnent des fruits en été et en automne
Vaccinium corymbosum	myrtillier	demande un sol acide

Fraisier
Fragaria x *ananassa*

Contrairement aux autres plantes à petits fruits, le fraisier est une vivace et elle se reproduit par des stolons – tiges couchées produisant des plantules à leur extrémité. C'est un excellent couvre-sol en forêt nourricière (voir p. 114), et il convient aussi en bordure au jardin d'ornement. Cultivez des variétés diverses pour avoir des fraises de juin à l'automne.

Une bonne couche de paille évite aux fraises d'être souillées par la boue.

De gauche à droite, en haut : groseilles à maquereau ; groseilles rouges ; en bas : framboises ; groseilles blanches.

La plantation d'un arbuste à petits fruits

Une plantation en octobre-novembre permet à l'arbuste de s'enraciner dans un sol encore chaud et de s'établir alors que ses parties aériennes sont en dormance, ce qui promet une croissance vigoureuse au printemps suivant.

Arbuste à petits fruits à racines nues

Les plantes à racines nues sont en général en vente du 15 octobre au 15 mars, et elles sont moins chères qu'en conteneur. On peut acheter un lot de 5 sujets (ou plus) d'une même variété.

Qu'est-ce qu'une plante à racines nues ?

La plante est cultivée en pleine terre, et non en conteneur. En automne, après la chute des feuilles, elle est arrachée et les racines sont enveloppées traditionnellement dans de la toile de jute, mais plus souvent, à l'heure actuelle, dans un film plastique noir. On peut l'acheter en pépinière ou la commander – le transport ne pose aucun problème.

La plantation

Plantez les arbustes le plus tôt possible après l'achat ou la réception. S'il gèle, placez-les, sans les déballer, dans un endroit obscur et frais, mais non gélif – un hangar ou un garage par exemple.

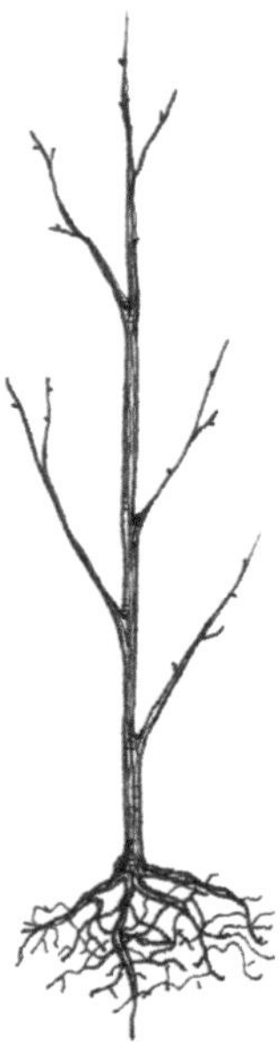

Pour planter

- DÉBALLEZ LES RACINES et secouez la terre.
- METTEZ LES RACINES À TREMPER quelques heures, ou même toute la nuit dans un seau d'eau.
- CREUSEZ UN TROU assez grand pour contenir toutes les racines, puis rebouchez-le et arrosez.

Note :
Les champignons mycorhiziens (voir p. 21) sont particulièrement indiqués lors de la plantation des sujets à racines nues, parce que les racines n'ont pas eu de contact avec les organismes du sol pendant plusieurs semaines et peuvent s'être desséchées.

Plantation d'un arbuste à petits fruits en conteneur

Elle peut intervenir à tout moment de l'année, sauf pendant les périodes de gel ou de fortes chaleurs.

1. **Creusez un trou** assez grand pour contenir la motte. Arrosez généreusement la plante pour que la terre ne s'effrite pas. Saupoudrez des champignons mycorhiziens au fond du trou et à la base de la motte : ils adhèrent si celle-ci est suffisamment mouillée.

2. **Placez la motte** dans le trou, de manière que le collet de la plante (dessus de la motte) soit au niveau du sol.

Après la plantation, que le sujet soit en conteneur ou à racines nues, arrosez généreusement et mettez en place un paillis épais, pour conserver l'humidité. Si le paillis est mouillé, disposez-le en couronne autour du pied, mais évitez le contact avec l'écorce (risque de pourriture).

La cueillette des framboises peut se faire d'une main – en juin-juillet pour les variétés non remontantes, et jusqu'en octobre pour les remontantes.

La récolte des petits fruits

Pour les manger immédiatement ou pour les congeler, cueillez les petits fruits quand ils sont bien mûrs. Pour la confiture, cueillez-les un peu avant leur maturité afin qu'ils contiennent davantage de pectine, qui favorise la prise.

Pour éviter que les oiseaux ne dévorent toute la récolte, mieux vaut cultiver les arbustes dans une cage à fruits (voir p. 197).

La culture des plantes potagères vivaces

Les plantes potagères vivaces sont très importantes en permaculture. Elles produisent longtemps, potentiellement indéfiniment, et n'imposent pratiquement aucun dérangement à la terre. L'entretien consiste simplement à les pailler, pour maintenir la fertilité du sol.

Elles constituent une couche utile dans les forêts nourricières (voir p. 114), à l'abri des arbres et des arbustes. Beaucoup sont décoratives et trouvent place parmi les vivaces à fleurs, dans la partie du jardin destinée essentiellement à la relaxation.

Pour les récolter, on ne coupe pas toute la plante, comme on le fait pour beaucoup de légumes-feuilles, afin de ne pas les épuiser. Ne ramassez que la moitié ou les deux tiers des feuilles et des tiges, sans toucher au reste. Dans le cadre d'une rotation, vous pouvez laisser quelques plantes en repos chaque année.

Plantes potagères vivaces

Nom botanique	**Nom commun**	**Remarques**
Allium tricoccum	poireau sauvage	jeunes feuilles, bulbe
Asparagus officinalis	asperge	jeunes tiges
Crambe maritima	chou marin	jeunes pousses
Cynara scolymus	artichaut	inflorescences
Helianthus tuberosus	topinambour	tubercules
Levisticum officinale	livèche	jeunes feuilles, tiges
Rheum x *cultorum*	rhubarbe	jeunes pétioles
Rumex acetosa	oseille	jeunes feuilles

De haut en bas : chou marin ; livèche ; artichaut.

Plantation d'une rhubarbe

Une fois établie, elle vit longtemps et ce sont les pétioles des feuilles que l'on consomme. Si vous achetez une plante qui a été cultivée dans un compost à base de tourbe, mieux vaut en éliminer la majeure partie, car la tourbe tend à se dessécher et elle est ensuite difficile à réhumidifier.

1. **Laissez la motte** tremper dans un seau d'eau, pour éviter que la terre ne s'effrite au dépotage.

2. **Extrayez la motte.**

3. **À la main,** avec précaution, éliminez une partie du compost.

4. **Creusez un trou** plus grand que la motte et étalez les racines tout autour. Bouchez le trou, arrosez bien et disposez un épais paillis de matières organiques.

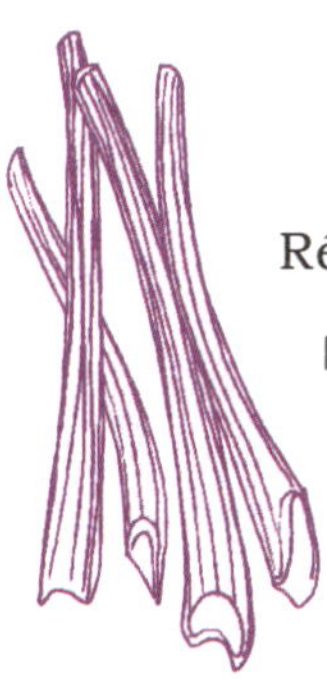

Récolte de la rhubarbe

Il faut attendre au moins 1 an avant de récolter les tiges de la rhubarbe, au printemps. Saisissez-les près de la base et écartez-les, pour les briser. Seule la partie au rouge est comestible. Les feuilles sont toxiques mais peuvent être placées sur le tas de compost.

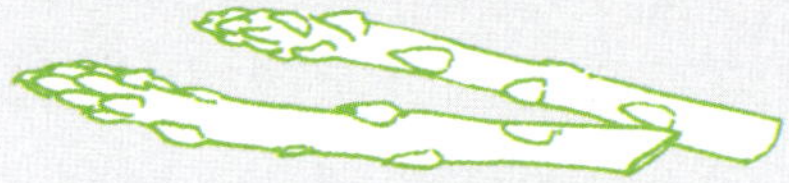

La culture de l'asperge

Les griffes d'asperges (racines nues) sont en général en vente en février-mars.

Comme elle a besoin d'un bon drainage, l'asperge est en général cultivée sur une butte. On peut aussi **creuser une tranchée** de 15-20 cm de large et de profondeur.

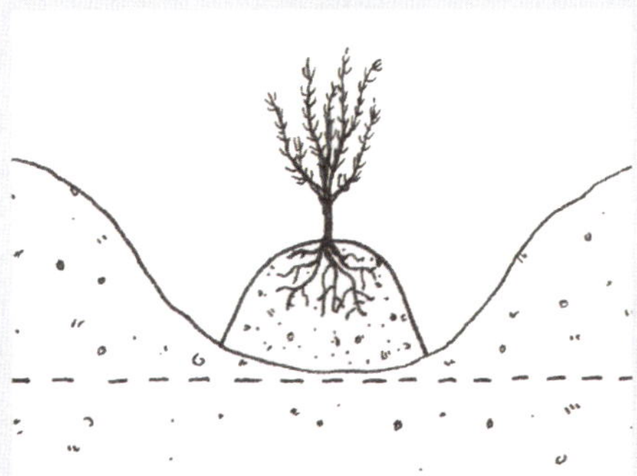

Au fond de la tranchée, constituez une butte de 10 cm de haut et de 10-15 cm de large.

Placez les griffes sur la butte, en ligne, en étalant les racines.

Remplissez la tranchée en couvrant légèrement les griffes.

Lorsque les tiges grandissent, remplissez un peu la tranchée, en laissant dépasser 10 cm des tiges.

La récolte des asperges

Lorsque les tiges (turions) atteignent environ 15 cm, récoltez-les en les coupant en biseau au-dessous du niveau du sol.

Les plantes donnant une récolte à partir de la 3e année

Les arbres fruitiers (y compris à fruits à coque) donnent des fruits à partir de la troisième année, mais les récoltes sont plus belles par la suite. Ils constituent la couche supérieure d'une plantation mixte et ont toute leur place dans une forêt nourricière (p. 114).

La culture des arbres fruitiers

Les arboriculteurs cultivent en général une seule variété de fruitier, en ligne. En permaculture, on essaie de multiplier les variétés, avec des sujets qui fleurissent à différentes périodes : si ceux à floraison précoce sont touchés par le gel, on peut encore compter sur la récolte de ceux à floraison tardive.

Pollinisateurs

Certaines variétés de pommier, de poirier, de cerisier et de prunier ont besoin d'être accompagnées par des variétés pollinisatrices (différentes, mais fleurissant en même temps), pour que les fleurs soient fécondées et donnent des fruits. Dans un petit jardin, on est souvent amené à cultiver des arbres auto-pollinisateurs, qui donnent des fruits sans autres variétés à proximité.

Les poires ont besoin de soleil pour mûrir.

Arbres fruitiers

Ils fleurissent en général au printemps et donnent leurs fruits en été et en automne.

Nom botanique	Nom commun	Remarques
Castanea sativa	châtaignier	souvent cultivé en association avec des champignons comestibles
Citrus spp.	agrumes	fleurissent et fructifient toute l'année ; en général non rustiques
Corylus avellana	noisetier	cultivé aussi en cépée
Ficus carica	figuier	moyennement rustique
Juglans regia	noyer	les noix vertes sont confites au vinaigre
Malus domestica	pommier	certaines variétés ne donnent que tous les 2 ans
Olea europaea	olivier	les olives ne mûrissent que sous climat chaud
Prunus armeniaca	abricotier	à abriter sous climat froid
Prunus avium	cerisier	les fruits attirent les oiseaux
Prunus domestica	prunier	l'éclaircissage des fruits est recommandé
Prunus dulcis	amandier	pour les régions chaudes
Prunus persica	pêcher	à abriter sous climat froid
Pyrus communis var. *sativa*	poirier	beaucoup de variétés ; pour produire, exigent un pollinisateur

De gauche à droite, en haut : figues ; cerises ; en bas : abricots ; pêches.

La plantation d'un arbre fruitier

Correctement planté, un arbre fruitier démarre rapidement et donne une belle récolte au bout de quelques années.

Le noisetier donne des noisettes au bout de 3 ou 4 ans. Récoltez-les quand l'involucre commence à jaunir.

La cueillette des pommes.

À court et à moyen terme, les arbres fruitiers ont besoin d'un arrosage copieux. Une fois établis, les apports d'eau ne sont généralement pas indispensables, sauf pendant les périodes de sécheresse estivale prolongée. En effet, un manque d'eau, en période de maturation des fruits peut déclencher la chute de ces derniers, l'arbre faisant passer sa survie avant sa fructification.

Le choix de l'emplacement

Il est important. Les arbres durent souvent plus longtemps que la personne qui les a plantés. Tenez compte de leur impact sur l'environnement immédiat, de l'eau qu'ils vont puiser, de l'ombre qu'ils vont jeter et de l'abri qu'ils vont créer.

Éclaircissage des fruits

Les arbres fruitiers portent souvent une grande abondance de fruits, au point de s'épuiser. C'est un problème pour les pruniers, le poids des prunes pouvant briser les branches, et pour les pommiers, où le phénomène entraîne un rythme bisannuel, l'arbre ne donnant plus qu'une année sur deux.

On peut donc réduire le nombre des fruits, dès qu'ils sont formés, en général en juin. Supprimez-en plus de la moitié, si nécessaire, avec des ciseaux, de manière que ceux qui restent soient régulièrement espacés.

Récolte et conservation des pommes

Cueillez les pommes quand elles sont bien mûres. Prenez le fruit en main et tournez-le doucement – il doit se détacher sans qu'il soit nécessaire de forcer.

Certaines variétés de pommes peuvent être conservées 4 ou 5 mois. Choisissez des fruits intacts, enveloppez-les dans du papier sulfurisé et disposez-les dans des clayettes. Conservez-les dans un lieu frais et légèrement humide (un hangar ou un garage, par exemple). Les pommes conservées perdent du croquant, mais deviennent plus sucrées.

Plantation d'un arbre fruitier avec cuvette

Les arbres se plantent de la même façon que les arbustes à petits fruits (voir p. 172).

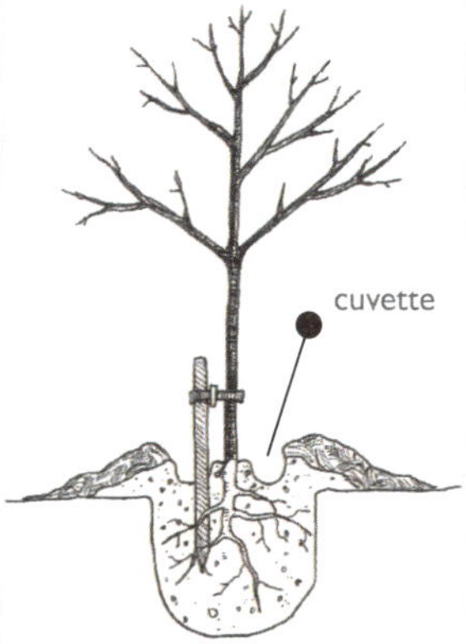

1. **Creusez un trou** plus grand que la motte ou les racines.

2. **Mettez l'arbre en place,** en vérifiant que les racines sont saines. Si ces racines sont nues, laissez-les d'abord tremper dans l'eau.
Vérifiez la hauteur à l'aide d'un tasseau ou d'une tige droite – le collet (base du tronc) doit être légèrement au-dessus du niveau du sol.

3. **Bouchez le trou** et constituez un monticule jusqu'au collet.

4. **Entourez l'arbre** d'une épaisse couronne de paillis.
Creusez une cuvette tout autour du tronc. Elle récupérera l'eau et la distribuera aux racines.

5. **Remplissez la tranchée** d'eau et laissez-la pénétrer.

Note :

Si vous plantez un jeune fruitier à tronc mince et flexible, donnez-lui un tuteur court et solidement planté. En cas de grand vent, il le maintiendra ancré dans le sol, tout en laissant la partie supérieure ployer sous le vent, ce qui renforcera le tronc.

La taille en permaculture

Les plantes ligneuses ont la capacité de se régénérer. Dans la nature, c'est ce qui permet aux grands arbres de se reconstituer quand un orage leur a cassé des branches et aux petites plantes de récupérer après une attaque d'insectes ou après avoir été dévorées par des herbivores. La permaculture a pour principe de laisser les plantes pousser autant que possible naturellement, avec le minimum d'intervention humaine.

Dans le jardinage traditionnel, les plantes sont en général taillées régulièrement, selon des principes stricts, pour augmenter la production. Mais il s'avère qu'à long terme, les arbres laissés à eux-mêmes sont aussi productifs que ceux que l'on taille. Ils prennent davantage d'ampleur et deviennent ainsi un habitat de bonne qualité pour d'autres formes de vie. On peut donc se contenter d'une taille minimale ; sur les arbustes à petits fruits, toutefois, une taille annuelle (ou bisannuelle) permet de les garder compacts.

Sur les arbustes à petits fruits, supprimez régulièrement les tiges brisées avec un sécateur bien affûté.

Les principes de la taille

La taille stimule l'apparition de nouvelles pousses. En effet, la plante mutilée cherche à se reconstituer.

D'abord, les blessures se cicatrisent, puis les pousses se développent. La taille peut donc être un moyen de régénérer une plante.

- UTILISEZ UN SÉCATEUR PROPRE ET AFFÛTÉ.
  Un outil propre laisse une coupe nette, plus rapide à cicatriser.
- TAILLEZ PAR TEMPS SEC ET CALME.
  Les pluies véhiculent des germes de maladie qui peuvent pénétrer dans les blessures.
- NOURRISSEZ LA PLANTE.
  Appliquez des fertilisants organiques pour que la plante reparte rapidement.

ARROSEZ ET PAILLER.
Arrosez généreusement la plante et paillez au pied pour retenir l'humidité.

Bois mort, malade ou endommagé

On peut souvent se contenter d'une taille de nettoyage, qui supprime le bois mort, malade ou endommagé. Nul besoin alors de la programmer : intervenez dès que vous repérez les dommages.

Taille prophylactique

À la fin de l'été, les arbustes à petits fruits sont sensibles aux maladies, surtout s'ils ont subi une taille sévère durant l'année. En automne, quand le temps se rafraîchit, les spores du mildiou et d'autres maladies fongiques, véhiculées par le vent, stagnent autour des rameaux trop denses. Pour prévenir les infections, taillez en juillet-août (éventuellement juste après la récolte), pour aérer l'arbuste.

Utilisation des déchets de taille

Il existe diverses possibilités, en fonction de la grosseur des rameaux et des branches.

- Utilisez les grosses hanches en *Hügelkultur* (voir p. 66).
- Broyez les rameaux solides pour les utiliser en paillis (voir p. 96) ou en revêtement d'allée.
- Utilisez les tiges pour remplir les compartiments d'un hôtel à insectes (voir p. 142).

Vous pouvez aussi brûler les déchets de taille avant de les mettre sur le tas de compost ou au pied des arbres fruitiers (voir p. 179), afin d'apporter du potassium.

Arbres

- Rabattez les branches endommagées à l'aide d'une scie d'élagueur.
- Dressez les bords déchirés d'une blessure à l'aide d'un couteau ou d'une serpe.
- Utilisez un baume cicatrisant pour badigeonner la coupe, si nécessaire.

Arbustes à petits fruits

Effectuez la taille en mars-avril, au redémarrage de la végétation.

- Éliminez une partie des tiges qui ont fructifié l'année précédente, en coupant juste au-dessus d'un œil tourné vers l'extérieur.
- Ne coupez pas les jeunes tiges vigoureuses. Elles vont fleurir et fructifier dans l'année.

Framboisier

Sur les variétés remontantes, rabattez toutes les tiges au niveau du sol en hiver, comme pour une cépée (voir p. 88).

L'utilisation des plantes à fleurs comestibles

Le jardin en permaculture est conçu pour la production, mais c'est aussi un lieu de détente et l'on ne se privera donc pas d'y cultiver des fleurs en abondance.

Utilisez les fleurs fraîches pour décorer les salades.

Pour choisir vos plantes à fleurs, tenez compte de leur valeur pour le riche écosystème que vous avez créé. Tout en attirant des pollinisateurs et d'autres insectes, et en ajoutant à la biodiversité, beaucoup ont des fleurs comestibles, que l'on peut manger crues, ou parfois cuites.

Cultivez les nombreuses espèces, vivaces ou annuelles, qui entrent dans cette catégorie et utilisez les fleurs pour les salades, les pâtisseries et les desserts – ou encore pour aromatiser et colorer des huiles et le beurre.

La récolte des fleurs comestibles

Utilisez-les de préférence fraîches. Toutefois, vous pouvez aussi les congeler ou les faire sécher. Ne gardez que les pétales et jetez le cœur (organes reproducteurs). Toutefois, la base de certains gros pétales (rose, rose trémière) est parfois un peu amère et il vaut mieux la couper.

Récoltez les jeunes fleurs et les bourgeons par temps sec, le matin de bonne heure : ils sont plus colorés et ont davantage d'arôme.

Plantes d'ornement

Nom botanique	**Nom commun**
Alcea rosea	rose trémière
Bellis perennis	pâquerette
Chrysanthemum	chrysanthème
Dianthus	œillet de rocaille
Helianthus annuus	tournesol
Hemerocallis	lis d'un jour
Hibiscus rosa-sinensis	hibiscus
Lilium leucanthemum var. *tigrinum*	lis tigré
Monarda didyma	monarde
Pelargonium	géranium à feuillage odorant
Primula vulgaris	primevère
Rosa	rosier
Sambucus nigra	sureau noir
Tropaeolum majus	capucine
Viola odorata	violette odorante

Feuilles ou fleurs ?

Certains légumes et plantes aromatiques cultivés pour leurs feuilles donnent aussi des fleurs comestibles. Toutefois, la suppression de beaucoup de feuilles inhibe la floraison – et la montée en fleur rend les feuilles amères. Il faut donc choisir : si vous voulez des fleurs, ne touchez pas aux feuilles d'une partie des tiges de la plante.

Légumes et plantes aromatiques

Nom botanique	Nom commun
Allium schoenoprasum	ciboulette
Anethum graveolens	aneth
Borago officinalis	bourrache
Cucurbita spp.	courgette, courge
Eruca vescaria	roquette
Foeniculum vulgare	fenouil
Lavandula spp.	lavande
Mentha spp.	menthe
Ocimum basilicum	basilic
Pisum sativum	pois
Rosmarinus officinalis	romarin
Thymus spp.	thym
Trifolium pratense	trèfle

De gauche à droite, en haut : bourrache ; courgette ; au centre : rose trémière ; thym ; en bas : trèfle ; capucine.

Les plantes à plusieurs fonctions

En permaculture, les plantes doivent justifier leur présence. Sans parler du côté esthétique, les espèces qui sont par ailleurs comestibles et qui contribuent à l'écosystème ont parfois aussi un autre intérêt, comme produire des tuteurs. On peut donc les considérer également comme des plantes utilitaires.

En haut : bambou ; en bas : haricot grimpant.

Les bambous

Ces graminées à tiges ligneuses servent à fabriquer d'excellents brise-vent et poussent bien dans les sols pauvres. Les chaumes (tiges) sont d'une grande dureté. On les utilise pour faire des meubles et même pour construire des échafaudages et des maisons dans les zones tropicales et subtropicales. En outre, les jeunes pousses cuites sont comestibles.

Tuteurs individuels

Pour obtenir des tuteurs, coupez des chaumes de 3 ans à la base, au printemps. Coupez les feuilles et laissez-les au pied de la touffe : elles contiennent de la silice, qui renforce et stabilise les jeunes chaumes.

Utilisez-les en tuteurs individuels ou assemblez 3 chaumes pour faire un trépied.

Rames à haricot

- Pour des haricots grimpants (ou d'autres annuelles) cultivés en ligne, plantez dans le sol des chaumes de 2 m, en deux rangées parallèles espacées de 30 à 50 cm.
- Liez les chaumes deux à deux à 15 cm de leur extrémité, et consolidez la structure en attachant un chaume en traverse. Chaque chaume supporte une plante unique.

Bambous recommandés pour faire des tuteurs

Bergbambos tessellata
4 m

Phyllostachys aurea
4,5 m

Phyllostachys flexuosa
4 m

Pleioblastus simonii
4-5 m

Pseudosasa japonica
4-5 m

Semiarundinaria fastuosa
5-6 m

Yushania anceps
3-5 m

Note :
Les grimpantes volubiles s'accrochent d'elles-mêmes au support. Celles à tiges droites doivent être attachées au tuteur au fur et à mesure de leur développement.

Pour créer un écran en saule, plantez des rameaux souples et ployez-les dans le sol, en enterrant leur extrémité à 15 cm de profondeur.

Noisetier

Les noisetiers (*Corylus* spp.) sont des plantes polyvalentes. Au printemps, leurs chatons attirent les pollinisateurs et, en automne, leurs fruits sont consommés par une faune sauvage variée. Ils sont indispensables dans une haie refuge (voir p. 146) et peuvent constituer la couche d'arbustes d'une forêt nourricière.

Par ailleurs, leurs jeunes rameaux, souples et flexibles, peuvent être utilisés pour le tressage – les plus fins pour faire des paniers et des plateaux, les plus gros pour les plessis (clôtures tressées). Pour récolter chaque année de jeunes rameaux, cultivez les noisetiers en cépées. Par ailleurs, les branches bien ramifiées font de bonnes rames pour les haricots ou les pois de senteur (*Lathyrus odoratus*).

Saule

À croissance rapide, les saules (*Salix* spp.) constituent d'excellents écrans et servent à affermir les sols humides ou même détrempés. Comme le noisetier, ils peuvent être cultivés en cépées (ou en têtards), afin de produire de jeunes rameaux souples (voir p. 88). En outre, ceux-ci s'enracinent facilement. Plutôt que de les utiliser en tuteurs, vous pouvez créer une « clôture vivante », qui constituera rapidement un abri.

Création d'une « clôture vivante » en saule

1. Entre novembre et mars, coupez des tiges de saule de 2 m de long. À l'aide d'une barre à mine, faites des trous dans le sol de 30 cm de profondeur, inclinés à 45°, en les espaçant de 50 cm.

2. Placez dedans les tiges de manière qu'elles s'entrecroisent de manière régulière.

3. Tressez les tiges et attachez-les aux intersections. Placez aussi une traverse en partie haute, à environ 30 cm des extrémités, en l'attachant également. Ployez les extrémités et attachez-les à la traverse.

Le choix de plantes en pot pour chaque couche

Dans un espace limité, par exemple sur une terrasse ou dans une cour, on peut appliquer les principes de la forêt nourricière avec des plantes en pot. Constituez des groupes de pots ou cultivez un certain nombre de plantes dans un grand bac. Puisque les arbres n'y ont pas leur place, il est possible de les « emprunter » au jardin, ou à un jardin extérieur.

Il faut prévoir des racines à tous les niveaux du mélange terreux. N'excluez pas les plantes ornementales : elles attirent les pollinisateurs et d'autres insectes utiles.

- LES ARBUSTES ont les racines les plus profondes et profitent des nutriments de la base du bac.
- LES COUVRE-SOLS, comme les fraisiers et la majorité des aromates, diffusent leurs racines dans la couche supérieure du compost.
- DE PETITS LÉGUMES-RACINES, comme la betterave et le radis, restent juste sous la surface.

Les couches de plantes en pot

Dans ce grand bac, deux guildes séparées ont été créées, dont l'une pour simuler la forêt. Cette mini-forêt consiste en :

- UN POMMIER NAIN, demi-tige, pour la couche des arbres et arbustes.
- UN HARICOT GRIMPANT, s'accrochant au tronc du pommier.
- DES ÉPINARDS ET DES FRAISIERS comme couvre-sol.

On peut créer des guildes avec des pots et des bacs en appliquant les mêmes règles que dans un grand jardin (voir p. 116). À droite, on a planté l'association amérindienne traditionnelle : maïs, haricot et courge, en ajoutant un tournesol (*Helianthus*) ornemental, mais qui attire les pollinisateurs et produit des graines comestibles en automne.

Sur une terrasse ou dans une cour, les plantes cultivées en pots individuels peuvent être regroupées.

Plantes pour couches en pot

Pour les couches inférieures, choisissez des annuelles à croissance rapide, qui donnent une récolte quelques semaines après le semis.

Arbres

Nom botanique	Nom commun	Remarques
Ficus carica	figuier	
Malus domestica	pommier	variétés en demi-tige
Morus nigra	mûrier noir	variétés naines
Prunus armeniaca	abricotier	nains génétiques

Arbustes

Nom botanique	Nom commun	Remarques
Ribes nigrum/ R. sativum	cassissier/ groseillier	
Ribes uva-crispa	groseillier à maquereau	
Rubus idaeus	framboisier	
Vaccinium corymbosum	myrtillier	demande un terreau acide

Grimpantes

Nom botanique	Nom commun	Remarques
Phaseolus spp.	haricot	certaines variétés sont grimpantes
Tropaeolum	capucine	ornementale ; fleurs comestibles

Vivaces

Nom botanique	Nom commun	Remarques
Fragaria spp.	fraisier	la fraise des bois accepte la mi-ombre
Mentha spicata	menthe	accepte la mi-ombre

Annuelles

Nom botanique	Nom commun	Remarques
Beta vulgaris	betterave	à récolter jeune
Eruca vesicaria	roquette	accepte l'ombre
Latuca sativa	laitue	variétés à couper, accepte l'ombre
Lycopersicon esculentum	tomate	tomate cerise
Phaseolus spp.	haricot	variétés naines
Raphanus sativus	radis	à récolter jeune

Astuces pour réussir :

- Utilisez un terreau de bonne qualité, riche en nutriments.
- Arrosez régulièrement.
- Apportez un engrais liquide. La couche supérieure apprécie les applications d'engrais foliaire.

Si c'est possible, tournez le bac régulièrement, pour favoriser une végétation régulière. À défaut, placez les espèces ayant besoin de soleil du côté qui reçoit le plus de lumière, et les ombrophiles de l'autre.

Doublez vos récoltes

Plutôt que de cultiver en ligne ou en planche, gagnez de l'espace par la méthode des cultures intercalaires. Cette technique permet d'occuper au mieux le terrain et d'améliorer les rendements. Elle a aussi l'avantage de vous donner un meilleur contrôle sur les maladies et les parasites et, dans certains cas, d'améliorer la fertilité du sol.

Même si l'espace est limité, de nombreuses cultures sont possibles.

Des idées pour les intercalaires

Combinez et associez à partir des catégories ci-dessous :

Croissance lente	**Croissance rapide**
chou chou-fleur chou de Bruxelles panais	laitue navet hâtif radis betterave
Plantes hautes	**Plantes basses**
tomate maïs haricot grimpant	laitue radis oignon betterave
Plantes de soleil	**Plantes d'ombre**
tomate maïs haricot grimpant	menthe fraisier des quatre saisons roquette

Astuces pour les intercalaires

- Groupez les plantes qui ont des besoins en eau similaires, afin de réduire votre charge de travail si des arrosages supplémentaires sont nécessaires.
- Choisissez des plantes ayant des types de racines différents, qui ne se concurrenceront pas pour les nutriments : des betteraves et des carottes, à racine pivotante qui s'enfonce, avec des couvre-sols à racines superficielles.
- Combinez des plantes à vitesses de croissance différentes : des annuelles à croissance rapide, comme les salades, à côté d'espèces à croissance lente ou d'arbustes à fruits récemment plantés, qui n'ont pas encore atteint leur plein développement.
- Évitez de regrouper des plantes de la même famille, par exemple la tomate et l'aubergine (qui appartiennent aux solanacées), car elles sont attaquées par les mêmes parasites, sujettes aux mêmes maladies et elles se concurrencent pour les nutriments du sol.

L'association de plantes ornementales aux potagères apporte de nombreux avantages.

Plantes potagères à valeur ornementale

Nom botanique	Nom commun	Remarques
Allium schoenoprasum	ciboulette	pour bordure/feuilles et fleurs comestibles/ éloigne certains ravageurs
Brassica oleracea	chou	à feuilles colorées et gaufrées
Brassica oleracea	chou frisé	feuilles frisées
Cynara scolymus	artichaut	plantes de grande taille, excellentes en fond de massif
Fragaria x *ananassa*	fraisier	pour bordure, pots, jardinières et culture verticale
Latuca	laitue	variétés à feuilles rouges et frisées/pour pots, jardinières et culture verticale
Lavandula spp.	lavande	pour bordure/feuilles et fleurs comestibles/ éloigne certains ravageurs
*Vaccinium corymbosum**	myrtillier	belles fleurs printanières et belles couleurs automnales

* demande un sol acide

Revitalisation du sol

Il existe des moyens pour améliorer la vigueur des plantes cultivées en forte densité.

- **Les légumineuses** (comme le pois et le haricot) fixent l'azote de l'air, qui est ensuite intégré au sol par les racines et par le compostage des plantes après la récolte.
- **Les plantes accumulatrices** (telle la consoude) tirent les nutriments des couches profondes du sol et les restituent aux couches supérieures après le compostage.
- **Les engrais verts** revitalisent le sol en permanence, en fixant l'azote (voir p. 86).

Plantes aromatiques

Elles se distinguent souvent par des feuilles très odorantes qui repoussent certains insectes parasites (voir *Associations de plantes*, p. 194). Utilisez-les en combinaison avec d'autres plantes dans le cadre de la lutte contre les parasites.

Le jardin de fleurs

Un jardin n'est pas seulement un lieu de travail. À côté des zones de production, il doit aussi contenir des parties ornementales. Et rien ne vous empêche de cultiver des plantes potagères dans les massifs de fleurs et des ornementales au milieu des légumes. De nombreuses espèces potagères ont un caractère décoratif, et les parties ornementales peuvent donc produire des légumes. En outre, les fleurs attirent les pollinisateurs dans le potager et accroissent la biodiversité.

La cueillette de plantes sauvages

Outre les cultures menées dans votre jardin, vous pouvez aussi ramasser les plantes sauvages dans la campagne, et parfois même dans les zones urbaines.

Beaucoup d'entre elles sont les ancêtres sauvages des plantes potagères et fruitières présentes dans les jardins. Elles sont en général robustes et vigoureuses, et se ressèment d'elles-mêmes dans un environnement souvent inhospitalier. On en trouve sur le bord des routes, mais mieux vaut les éviter car elles sont touchées par la pollution automobile.

Lorsque vous les cueillez dans la nature, ne prélevez que ce dont vous avez besoin et abstenez-vous de les arracher.

Ail des ours, *Allium ursinum*
Type de plante : bulbeuse
Habitat : forêts décidues ; bords de chemin
Partie de la plante utilisée : jeunes feuilles
Époque de la récolte : mars-avril

Les bulbes sont comestibles, mais abstenez-vous de les arracher. Cueillez les jeunes feuilles, au goût d'oignon, en mars-avril, avant la floraison – après, elles perdent leur arôme. Ciselez-les pour les utiliser en garniture. Vous pouvez ramasser les graines pour les semer – par exemple, parmi les arbres et arbustes d'une forêt nourricière.

Mouron des oiseaux, *Stellaria media*
Type de plante : annuelle
Habitat : tout type de friche ; également zones cultivées et prairies
Partie de la plante utilisée : feuilles/fleurs
Époque de la récolte : printemps et été

Très répandu, le mouron des oiseaux est parfois invasif dans les jardins. Les feuilles, à la saveur douce, sont riches en vitamines et en minéraux et peuvent être consommées crues, dans les salades et les sandwichs, ou cuites, dans les soupes.

Chou marin, *Crambe maritima*
Type de plante : vivace
Habitat : zones côtières, plages
Partie de la plante utilisée : jeunes feuilles, tiges et pousses
Époque de la récolte : printemps

Les jeunes feuilles, à saveur de chou, sont consommées crues ou légèrement cuites. Les jeunes tiges florales peuvent être utilisées comme le brocoli à jets. Elles sont riches en vitamine C. Si le crambe est cultivé au jardin, on peut arracher ses racines en hiver et les consommer cuites ; elles sont riches en fécule, avec une saveur douce.

Ronce à fruits, *Rubus fruticosus*
Type de plante : arbuste décidu
Habitat : haies, bords des chemins, taillis, friches
Partie de la plante utilisée : baies
Époque de la récolte : été et automne

La ronce est très répandue à la campagne et on la trouve même en zone urbaine. Les mûres se mangent crues, en tarte ou en crumble. Elles font aussi de délicieuses confitures et gelées (intégrez quelques baies encore rougeâtres pour apporter des pectines, qui favorisent la prise). Les grosses mûres bien noires sont les plus sucrées.

Prunelier, épine-noire, prunéolier, *Prunus spinosa* et hybrides naturels
Type de plante : arbre décidu
Habitat : haies, bords de route, friches
Partie de la plante utilisée : fruits
Époque de la récolte : été et automne

Commune dans de nombreuses régions, cette plante s'hybride souvent avec les pruniers cultivés, et ces hybrides donnent des prunes sauvages. Il faut souvent les cuire pour enlever le noyau, très adhérent. Les prunelles sont amères : on les cueille après les premières gelées, car elles sont alors plus parfumées, et on les utilise pour aromatiser l'eau-de-vie.

Sureau noir, *Sambucus nigra*
Type de plante : arbre décidu
Habitat : haies, bords de route, friches
Partie de la plante utilisée : fleurs/fruits
Époque de la récolte : mai-juin et automne

Les fleurs (ombelles) du sureau noir sont très odorantes et on les utilise pour parfumer du sirop de sucre, que l'on dilue ensuite pour en faire une boisson. Les fruits noirs donnent une excellente confiture et du vin de sureau.

Rosier, églantier, *Rosa* spp.
Type de plante : arbuste décidu
Habitat : haies, bords de route, friches
Partie de la plante utilisée : fruits (cynorrhodons)
Époque de la récolte : automne

En général rouge vif à maturité, les cynorrhodons sont riches en vitamine C et font d'excellentes confitures. Cueillez-les après les premières gelées : ils sont plus parfumés.

Champignons comestibles

Beaucoup de champignons sont plus ou moins toxiques, et il faut les identifier avec sûreté avant de les consommer. Les carpophores (chapeaux) apparaissent à diverses époques de l'année.

Coprin chevelu
Coprinus comatus
Habitat : prairies ; sol récemment bouleversé
Époque : été et automne

Champignon blanchâtre, cylindrique, qu'il faut manger rapidement, quand il est jeune. Les lamelles finissent par noircir et par se liquéfier.

Truffe noire
Tuber aestivum
Habitat : sous-sol, souvent près des hêtres
Époque : automne, hiver

Très rare et très recherchée, cette truffe est plus ou moins sphérique, avec une surface brun noirâtre et verruqueuse. La saveur est délicate et fine.

Vesse-de-loup perlée
Lycoperdon perlatum
Habitat : bois clairs et zones herbeuses
Époque : été, automne

Commun, en forme de dôme, ce champignon est coupé en lamelles pour la cuisson. La chair doit être bien ferme : les lamelles qui présentent une texture poreuse ou spongieuse ont une saveur peu agréable.

Pied violet
Clitocybe saeva, syn. *Lepista saeva*
Habitat : prairies et zones herbeuses
Époque : automne, hiver

Il pousse souvent en cercle ou en groupe. Le chapeau est brun-gris et le pied violacé. C'est un excellent champignon d'hiver.

Les parasites et ravageurs

Une fois établi, un jardin en permaculture a un écosystème développé, avec une faune sauvage harmonieuse. S'il contient des parasites et des ravageurs, leurs populations sont en général contrôlées par l'action de divers animaux et les dégâts qu'elles causent sont minimes et peuvent être tolérés.

Néanmoins, il peut être nécessaire de lutter contre un certain nombre d'espèces qui causent des dommages, parfois importants, aux plantes potagères et quelquefois aussi aux autres.

Ami ou ennemi ?

Parasite ? Ravageur ? Ce n'est pas toujours évident.

- Les oiseaux sont largement utiles, car ils mangent des limaces et des insectes, et ils fertilisent le sol par leurs déjections. Cependant, ils s'attaquent parfois aux récoltes, notamment aux petits fruits. Pour les en dissuader, voir *Les dégâts dus aux oiseaux* (p. 196).
- Les limaces sont en général considérées comme des ravageurs, puisqu'elles dévorent les jeunes pousses de nombreuses plantes. Mais elles contribuent à nettoyer le jardin en automne, et à décomposer les déchets végétaux qui abritent souvent des champignons parasites. Pour les contrôler, voir ci-contre.
- Certains papillons sont des parasites au stade larvaire (les chenilles dévorant les feuilles des légumes) mais, au stade d'adultes ailés, ils sont essentiels pour l'écosystème, comme pollinisateurs des plantes.

En permaculture, on n'empoisonne pas les « ennemis » des cultures et on ne tente pas non plus de les éradiquer, car ils représentent un maillon de la chaîne alimentaire. Pour contrôler les parasites (p. 194), on cherche à attirer des insectes utiles, comme la coccinelle qui dévore les pucerons. On utilise aussi des barrières physiques pour protéger les cultures.

Mammifères

Les rats, lapins, blaireaux et daims causent parfois de gros dégâts. Mettez en place des clôtures ou des filets solides pour les tenir à distance. Comment agir ?

- Contre les petits mammifères, dressez une barrière d'au moins 1 m de haut, en l'enterrant à la base.
- Contre les daims, dressez une barrière d'au moins 2 m de haut.

Mouche de la carotte

La larve de cette mouche (*Psila rosae*) cause souvent de gros dégâts aux racines. L'adulte vole près du sol et une barrière physique empêche la femelle de déposer ses œufs sur les plantes. Comment agir ?

- Érigez une barrière solide, semi-transparente, d'au moins 60 cm de haut, autour des plantes.
- Vous pouvez aussi recouvrir toute la planche d'un voile horticole.

Perce-oreille

Cet insecte attaque les plantes en été. Il dévore les fleurs, mais aussi des fruits comme les abricots, les fraises, les framboises et les mûres. Comment agir ?

- Créez des pièges en renversant des pots de 10 cm, pleins de paille, sur un tuteur et placez-les près des plantes vulnérables.
- Le perce-oreille s'abrite dans les pièges pendant la nuit.
- Le matin, collectez les pots et jetez la paille dans un coin du jardin où le perce-oreille peut être toléré.

Contre les limaces et les escargots

Ces mollusques sont souvent les ravageurs les plus redoutés dans un jardin. Ils dévorent en particulier les salades, mais aussi les hostas, et ils s'attaquent à toutes les jeunes plantes et aux semis.

En jardinage traditionnel, on utilise des appâts empoisonnés. Cependant, les mollusques représentent un maillon de la chaîne alimentaire. Les oiseaux, les grenouilles, les crapauds et de nombreux petits animaux les dévorent et peuvent se trouver à leur tour empoisonnés par les appâts. On cherchera donc à attirer ces prédateurs naturels en créant un écosystème diversifié, pour contrôler les populations de ravageurs. Il n'est pas souhaitable (ni nécessaire) de tuer les limaces et les escargots – ni par des appâts ni par des pièges. Mieux vaut les empêcher d'atteindre les plantes vulnérables par différents moyens.

Le cuivre

Les limaces sont repoussées par le cuivre. Entourez les pots, sous le rebord, d'un ruban de cuivre. Vous pouvez aussi coller du ruban sur des colliers découpés dans des bouteilles en plastique, que vous placerez autour des jeunes plantes, au jardin.

Laine de mouton

C'est un excellent répulsif parce que les limaces sont incapables de ramper sur cette matière duveteuse. Placez donc de la laine autour des plantes vulnérables. En outre, c'est une fibre naturelle qui joue le rôle d'un paillis et qui fertilise le sol quand elle finit par se décomposer.

Les limaces attaquent de nombreuses plantes.

Boulettes de laine

Si vous ne trouvez pas suffisamment de laine de mouton, utilisez des boulettes de laine (sous-produit de l'industrie lainière) et placez-les en couche épaisse autour des plantes. Une fois humides, elles gonflent et forment un tapis duveteux.

Marc de café

L'odeur du marc de café repousse les limaces et les escargots. Déposez-le en couche et remplacez-le régulièrement, pour qu'il reste actif. Toutefois, cette méthode doit être utilisée avec modération, car on a constaté que le marc de café retarde la croissance des racines et que la caféine peut contrarier la prolifération des bactéries utiles du sol.

Eau

C'est une excellente barrière contre les limaces et les escargots. Cultivez les plantes vulnérables en pot et placez celui-ci dans une soucoupe, plus large que sa base de 5 à 10 cm.

Les associations de plantes pour attirer les prédateurs

Les associations de plantes sont largement mises à contribution en permaculture. Cette pratique (polyculture) est opposée à la monoculture, qui consiste à cultiver une seule espèce sur une grande surface et qui est typique de l'agriculture commerciale moderne.

Les plantes compagnes

On appelle ainsi les plantes associées à deux ou à plusieurs, dans un même endroit. Le principe est similaire à celui des guildes (voir p. 116), puisque chaque plante apporte un avantage à l'autre (ou aux autres) et, dans certains cas, permet de dissuader des parasites. C'est ainsi que l'on peut cultiver une espèce ornementale à fleurs pour attirer certains insectes qui dévorent les parasites habituels de la plante compagne.

Plantes compagnes contre les parasites

Plantes attirant les prédateurs naturels de parasites

Des insectes utiles, comme les syrphes, qui dévorent les pucerons, sont attirés par des fleurs placées à côté de plantes potagères vulnérables. Ainsi, cultivez des tagètes et des œillets d'Inde (*Tagetes*) près des tomates, pommes de terre, poivrons, aubergines et autres plantes sensibles. Les variétés à fleurs simples sont les plus efficaces.

Plantes répulsives

Certaines espèces contiennent des substances qui repoussent certains parasites, ou une odeur forte qui les désoriente. On les cultive à côté des plantes sensibles. Les membres de la famille de l'oignon (*Allium*) et les menthes (*Mentha*) comptent parmi les espèces à feuilles très aromatiques ou âcres.

Plantes attirant les parasites, et les détournant des espèces potagères

Si vous laissez pousser dans votre jardin certaines plantes sauvages qui attirent les parasites, ceux-ci n'iront pas sur les espèces cultivées. Les orties et la consoude font ainsi de bonnes plantes de bordure, dans les potagers.

Les feuilles et les fleurs de la grande camomille (*Tanacetum parthenium*) sont très aromatiques et repoussent de nombreux insectes, dont les pucerons.

D'autres types de plantes compagnes

Plantes qui fixent l'azote dans le sol et le rendent disponible pour d'autres plantes

La majorité des engrais verts sont des fixateurs d'azote. Semez-les là où vous envisagez de cultiver des plantes exigeantes en azote, comme les choux et d'autres légumes-feuilles. Vous pouvez aussi cultiver celles-ci à proximité des arbustes régulièrement rabattus en cépées (voir p. 88).

Plantes qui apportent de l'ombre aux plantes voisines

Cette association est naturelle dans la forêt nourricière (voir p. 114), mais elle peut être appliquée sur une petite échelle. Ainsi, cultivez une rangée de haricots grimpants pour abriter du soleil des laitues et d'autres salades.

Ray-grass.

Plantes allélopathiques

Certaines plantes inhibent la croissance de leurs voisines en libérant dans l'environnement des substances chimiques (par leurs racines ou d'autres parties). Elles éliminent ainsi les concurrentes et agissent comme des herbicides.

Ray-grass italien

C'est un bon couvre-sol d'hiver qui libère des substances allélochimiques inhibant la germination des mauvaises herbes au printemps.

Noyer d'Amérique

Cette espèce (*Juglans nigra*) libère du juglon, qui freine la croissance d'autres plantes – mais ne plantez pas de pommiers ou de tomates à proximité, car ils y sont sensibles.

Noyer d'Amérique.

Les dégâts dus aux oiseaux

Bien des jardiniers ont sur le sujet une attitude ambivalente. En effet, les oiseaux, s'ils dévorent des parasites et des ravageurs, en vol et au sol, attaquent aussi certaines plantes, notamment quand la nourriture disponible se raréfie.

En permaculture, on favorise l'activité des oiseaux avec des plantes répondant à leurs besoins, mais il peut être nécessaire de protéger certaines cultures, en totalité ou en partie.

- Bourgeons des arbres et des arbres fruitiers.
- Nombreux fruits.
- Légumes-feuilles comme le chou et le brocoli.

Effaroucheurs

Les objets qui brillent sous le soleil ou font du bruit sous le vent éloignent les oiseaux. Placez-les sur des tuteurs ou sur des poteaux de clôture, à proximité des plantes vulnérables.

Recyclez les objets du quotidien en effaroucheurs à oiseaux :

- Vieux CD et DVD.
- Bouteilles en matière plastique transparente.
- Boîtes de conserve.
- Barquettes d'aluminium.

Ci-dessus : une boîte de conserve, même rouillée, brille au soleil.

À droite : bouteille en plastique sur tuteur.

Filet

Les oiseaux becquettent parfois les choux et d'autres légumes-feuilles. Pour les protéger, tendez au-dessus un filet anti-oiseaux ou un voile d'hivernage, en l'arrimant solidement avec des pierres. Le voile laisse passer l'eau de pluie et apporte aussi de l'ombrage aux cultures.

Choisissez un filet à petites mailles, car les petits oiseaux se font prendre dans les grosses.

Un filet anti-oiseaux évite que les hôtes ailés du jardin dévorent les fleurs et les fruits des fraisiers.

Cages à fruits

Si vous cultivez beaucoup d'arbustes à petits fruits, prenez la précaution de construire une cage.

Chats et chiens

Tout en étant de bons compagnons, les chats et les chiens vous évitent en partie les méfaits des oiseaux, ceux-ci étant effarouchés par ces prédateurs naturels.

Chats

Leur instinct les pousse à chasser et à tuer. Et s'ils effarouchent les oiseaux, il faut éviter qu'ils les attrapent. Dotez-les d'un collier à clochettes pour que les proies potentielles les entendent de loin. Par ailleurs, les chats, s'ils détruisent les souris (et rarement les rats), nuisibles dans un jardin, chassent aussi les petits mammifères et les grenouilles.

Chiens

Ils sont souvent de bons chasseurs (selon leur race). Ils attrapent rarement les oiseaux, mais les effraient. Ils peuvent aussi chasser les rongeurs ravageurs.

Note : On peut composter les excréments des chats et des chiens dans un composteur à chaud (voir p. 76).

Les mauvaises herbes

Ce sont tout simplement des plantes qui poussent au mauvais endroit (adventices). Dans certaines parties d'un jardin en permaculture, notamment dans une zone boisée ou dans certaines bordures, laissez-les proliférer. Leurs fleurs attirent des insectes et elles servent de refuge à des organismes utiles. En outre, on peut souvent les utiliser pour la fertilisation. Dans un écosystème maîtrisé, elles jouent un rôle important.

Les mauvaises herbes produisent souvent 2 ou 3 générations par an. Elles sont également très accommodantes, supportant parfois aussi bien l'ombre que la lumière et les sols pauvres. C'est pourquoi elles prolifèrent et colonisent rapidement le terrain.

Dans un potager, elles concurrencent les plantes cultivées : moins vigoureuses, celles-ci sont plus sensibles aux maladies. Les herbicides chimiques étant exclus, il faut les contrôler par d'autres voies.

Éviter la germination

Quand on retourne la terre, on expose à la lumière des graines qui étaient dormantes, ce qui déclenche la germination. Aussi, en permaculture, préfère-t-on au labour le simple ameublissement du sol.

Les mauvaises herbes annuelles

Elles germent essentiellement au printemps, mais aussi à d'autres époques. Quand elles sont très jeunes, on les sarcle simplement et on les laisse sur place se décomposer. Celles qui ont grandi seront compostées – mais sur du compost à chaud (voir p. 76) si elles ont des graines.

Éliminez les mauvaises herbes annuelles à la sarcleuse.

Les mauvaises herbes vivaces

Ce sont les plus coriaces. Elles se multiplient par les graines et souvent par des rhizomes et des stolons, qui forment des tapis impénétrables.

Arrachez-les et secouez la terre qui adhère aux racines, car elle contient beaucoup de micro-organismes utiles. Compostez-les à chaud (voir p. 76) ou faites-les macérer dans l'eau pour obtenir un purin (p. 79).

En permaculture, on désherbe souvent à la main.

Les mauvaises herbes ligneuses

Elles apparaissent après dans la succession et s'installent souvent sur des terrains négligés. Les plus courantes sont le sureau noir (*Sambucus nigra*), qui se propage par graines, et la ronce (*Rubus fruticosus*), qui colonise de vastes zones par ses tiges souples s'enracinant au contact du sol.

Coupez les tiges et les rameaux. Les plus tendres peuvent être compostés. Les plus gros seront broyés ou utilisés en *Hügelkultur* (voir p. 66).

Si vous n'arrivez pas à arracher la souche, laissez-la et éliminez toutes ses nouvelles pousses au sécateur. Elle finira par mourir et les racines pourriront, sous l'action des champignons du sol.

Rabattez toutes les pousses qui apparaissent sur la souche ligneuse restée en place.

Bonnes ou mauvaises herbes

Certaines adventices sont utiles et méritent même d'être cultivées.

Consoude
Symphytum officinale
Elle forme de vastes groupes et empêche d'autres adventices, moins utiles, de germer. En outre, elle fournit beaucoup de matière végétale pour le compost et le purin.

Ortie
Urtica dioica
Elle attire et abrite la faune sauvage, et les jeunes pousses sont comestibles.

Plantain
Plantago major
Récoltez-le pour les champignons bénéfiques qui vivent sur ses racines.

Certaines adventices sont invasives, mais leurs fleurs attirent dans le jardin les pollinisateurs et d'autres animaux utiles.

La guérilla jardinière

C'est tout simplement la culture de plantes sans autorisation, dans des lieux en général publics. Les jardiniers tenants de la permaculture peuvent récupérer subrepticement ces espaces pour installer des plantes qui seront utiles à une large communauté. Et, à tout le moins, elles enrichiront la biodiversité de terrains négligés.

La guérilla jardinière (ou *guerilla gardening*) utilise des graines et des plantes en surplus. Comme les espèces potagères demandent de l'entretien, on peut se limiter à des plantes à fleurs, qui nourrissent les insectes pollinisateurs, lesquels visitent ensuite les jardins.

Projets collectifs

Des communautés informelles urbaines utilisent des terrains et des friches pour cultiver des plantes, dont les récoltes sont partagées. Utilisez les réseaux sociaux pour rechercher s'il existe des projets de ce type dans votre quartier. Les autorités locales ferment en général les yeux sur ces activités ou les encouragent même discrètement.

Sites adaptés

- Friches urbaines
- Rives des canaux et des rivières
- Pieds d'arbres (petites zones de terre autour des arbres d'alignement)
- Jardins négligés
- Recoins d'espaces publics
- Ronds-points

Attention !

Au moment de la récolte, prenez garde aux déjections de chiens. Et n'oubliez pas qu'à proximité des rues, les plantes ont été soumises à un certain degré de pollution urbaine.

1

3

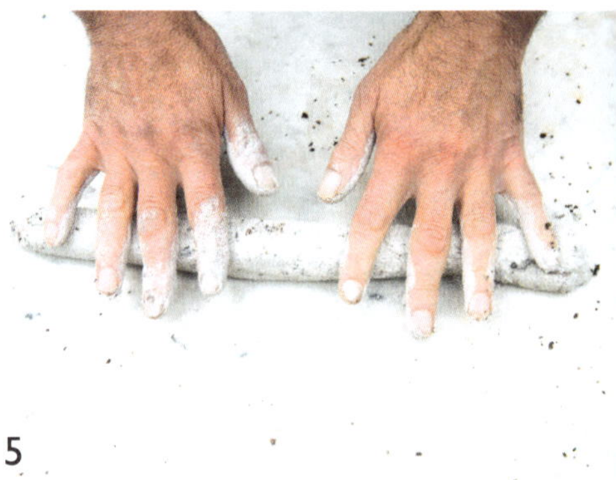

5

7

Fabrication d'une bombe de graines

Une bombe de graines permet de déposer des graines à des endroits inaccessibles. Pour que les oiseaux ne les dévorent pas, enrobez les graines dans de l'argile, qui apportera en outre l'humidité nécessaire à la germination. Cet enrobage se délite peu à peu et les plantules peuvent s'enraciner, à travers l'argile, dans la terre au-dessous.

2

1. **Aplatissez de l'argile** à modeler et donnez-lui la forme d'un rectangle.

2. **Saupoudrez** une couche de terreau de rempotage.

3. **Semez dessus** les graines que vous souhaitez voir pousser – une seule variété ou plusieurs. Un mélange de fleurs sauvages pour le printemps ou l'été est idéal.

4. **Pétrissez l'argile** pour mélanger les ingrédients de manière homogène.

5. **Roulez le tout** en boudin.

6. **Au couteau,** coupez des tronçons de 2 ou 3 cm de long.

7. **Roulez en boule** chaque tronçon.

8. **Placez les bombes de graines** sur un plateau et laissez-les durcir dans un endroit chaud.

Il suffit ensuite de jeter vos bombes de graines là où vous souhaitez voir les plantes pousser.

4

6

8

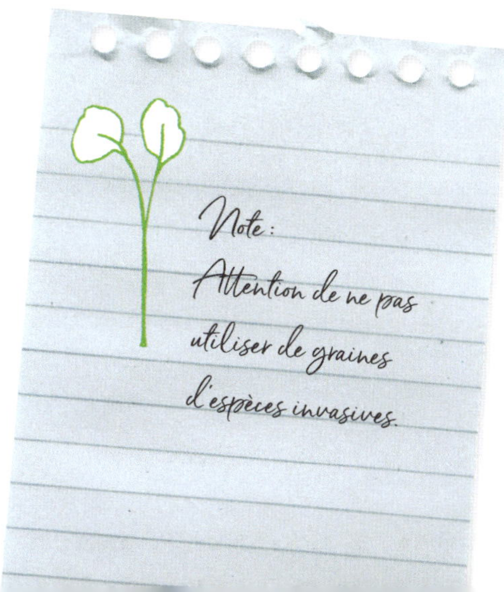

Glossaire

Les termes suivants sont utilisés en permaculture (et plus largement en jardinage). Les mots en **gras** dans une définition ont leur propre entrée.

ACCUMULATRICE Plante tirant des nutriments du sol, par ses racines, et les stockant dans ses feuilles.

ALLÉLOPATHIQUE Plante libérant des substances chimiques par ses racines, ses tiges, ses feuilles ou son écorce qui inhibent la croissance de voisines, la protégeant de leur concurrence.

ANNUELLE Plante qui accomplit son cycle vital – de la germination à la mort – en l'espace d'un an. Certaines **vivaces** peu **rustiques** deviennent annuelles sous climat froid.

ARABLE Qualifie la couche supérieure du sol, d'une profondeur d'environ 30 cm, qui contient l'essentiel des nutriments nécessaires à la croissance des plantes.

ASSOCIATION Culture de deux plantes (ou davantage) en voisinage immédiat, dont chacune apporte à l'autre un bénéfice, par exemple en éloignant les parasites ou les ravageurs, ou en attirant des insectes pollinisateurs.

BISANNUELLE Plante qui accomplit son cycle vital – de la germination à la mort – sur 2 années (mais en général en moins de 12 mois).

BRISE-VENT Ligne d'arbres ou d'arbustes destinés à réduire l'impact des vents forts.

CÉPÉE Ensemble des rejets d'un arbre ou d'un arbuste qui a été rabattu près de la base ; ses rameaux, gaules et perches de faible diamètre peuvent être utilisés comme tuteurs ou en vannerie (voir également **Têtard**).

CHÂSSIS FROID Abri vitré, à structure de bois ou de brique, destiné à protéger du froid les plantes fragiles et les semis précoces.

CHAUME Tige creuse des graminées, notamment des bambous.

CHOC DE TRANSPLANTATION Stress subi par un sujet en pot ou en godet après sa mise en place en pleine terre, ou par un rempotage, ou par une plante déplacée. Il peut se traduire par un retard de croissance et, dans les cas extrêmes, par la mort.

CLIMAT Conditions moyennes de l'atmosphère terrestre dans une zone géographique donnée.

CLOCHE Abri de petite taille, en verre ou en matière plastique, pour protéger les plantes contre le froid et/ou les ravageurs. Il existe aussi des cloches d'ombrage, pour blanchir les salades.

COMPOST Produit issu de la décomposition des déchets organiques du jardin et de la maison, utilisé comme amendement et **fertilisant**.

CRUCIFÈRES Groupe de plantes potagères hautement nutritives, comprenant notamment le chou, le brocoli et le navet.

CULTIVAR Variété d'une espèce obtenue en culture, en général par hybridation, parfois par manipulation génétique. La majorité des plantes potagères actuelles sont des cultivars.

CUVETTE Zone aménagée autour du pied d'un végétal, à la plantation, avec un petit remblai, afin que l'eau parvienne directement aux racines.

DÉCIDU Qui perd ses feuilles en hiver.

DÉROBÉE Qualifie une culture effectuée entre deux cultures principales, par exemple après des salades hâtives et avant des tomates, lorsque le sol est disponible. Également, culture effectuée sous des arbres fruitiers alors qu'ils sont encore jeunes.

DORMANCE Période d'interruption de la croissance de la plante, correspondant en général à son repos. Les végétaux sont en dormance en hiver, par temps froid, et en été, pendant la canicule.

ÉCHELLE DE PERMANENCE Méthode d'investigation permettant de préciser le degré de difficulté de modification d'un site.

ÉCOSYSTÈME Communauté d'êtres vivants – plantes, champignons, bactéries et toutes formes de vie animale – dans une zone donnée.

ÉLÉMENTS TRACES Présents dans le sol en faible concentration, ils sont essentiels à la vie des plantes (on les appelle aussi « oligoéléments »). Ce sont notamment le cuivre, le fer, le manganèse et le molybdène.

ENDURCISSEMENT Processus d'acclimatation à l'extérieur d'une jeune plante élevée sous abri. On la sort graduellement, pour des périodes de plus en plus longues et sur quelques semaines, avant de l'installer en pleine terre.

ENGRAIS VERT Culture en général brève, effectuée non pour la consommation, mais pour améliorer la structure du sol et/ou pour fertiliser ce dernier.

FERTILISANT Produit ou mélange utilisé pour favoriser la croissance des plantes. En général, chez les fertilisants organiques, il est difficile d'estimer le taux précis des nutriments.

FIXATEUR D'AZOTE Végétal qui absorbe l'azote de l'air et le « fixe » dans le sol, soit en se décomposant, soit à travers ses feuilles mortes, ses racines mortes ou la décomposition de ses déchets de taille.

FONTE Maladie des semis, causée par un champignon et due en général à un excès d'humidité.

FRIABLE Qualifie un sol constitué de petites particules et bien drainant. Les sols friables sont en général fertiles.

GERMINATION Processus d'émergence et de développement d'un embryon de plante, à partir d'une graine.

GUILDE Système d'**association** de plantes en groupes compatibles, afin qu'elles s'apportent mutuellement des bénéfices.

HERBACÉ Qualifie les végétaux et les parties de végétaux qui n'ont pas de caractère ligneux.

HORIZONS DU SOL Différentes couches observées en creusant un sol jusque-là intact.

HUMUS Matière organique décomposée dans le sol. Un taux élevé d'humus est en général synonyme de fertilité.

INTERCALAIRE Qualifie une culture à croissance rapide effectuée entre les rangs de plantes plus lentes, pour mieux exploiter l'espace disponible.

JACHÈRE Zone cultivable, laissée au repos, sans nouvelle culture, après une récolte.

LÉGUMINEUSE Plante de la famille des fabacées, qui comprend des espèces alimentaires comme le pois, le haricot, la fève ou l'arachide, et des ornementales comme le pois de senteur (*Lathyrus odoratus*) et le robinier.

LESSIVAGE Perte des nutriments du sol, emportés par l'eau de pluie.

LIGNEUX Se dit d'une plante contenant suffisamment de faisceaux lignifiés pour que ses tiges soient résistantes.

LIMONEUX Qualifie un sol dont les grains sont intermédiaires entre l'argile et le sable, contenant en général beaucoup d'humus.

MICROCLIMAT Climat d'une zone bien délimitée, par exemple très abritée, qui diffère de celui du reste du jardin.

MYCORHIZE Qualifie un champignon vivant en association avec des racines de plantes.

OMBRE PLUVIOMÉTRIQUE Zone abritée du vent par un mur, une haie ou une clôture, qui reçoit donc moins de pluie que le reste du jardin.

ORNEMENTALE Qualifie une plante cultivée pour sa valeur décorative – souvent ses fleurs, mais parfois aussi ses tiges ou ses fruits –, et non pour la consommation.

PAILLIS Couche d'un matériau que l'on applique en surface. Le paillis peut être organique, et il améliore alors le sol en se décomposant, ou inorganique, et il peut réfléchir la lumière sur les plantes. Dans les deux cas, le paillis réduit l'évaporation et empêche la croissance des mauvaises herbes.

PAILLIS EN COUCHE Pratique de fertilisation sans labour, par application au sol de carton et d'autres matières organiques, pour planter directement dans cette couverture.

PATHOGÈNE Qualifie un micro-organisme pouvant déclencher une maladie.

PERSISTANT Qui conserve l'essentiel de son feuillage en hiver (les persistants perdent leurs feuilles sur toute l'année).

PESTICIDE Produit destiné à éliminer des parasites ou des ravageurs.

pH Mesure de l'acidité ou de l'alcalinité du sol, selon une échelle allant de 1 à 14. Le 7 indique le neutre ; le sol est acide au-dessous et alcalin au-dessus.

PHOTOSYNTHÈSE Processus impliquant la lumière solaire, le gaz carbonique et l'eau, par lequel une plante se nourrit spontanément.

POCHE DE FROID Creux ou bas de pente où l'air froid s'accumule.

POLLINISATEUR Agent du transfert du pollen d'une fleur à une autre, permettant la pollinisation. Les pollinisateurs les plus fréquents sont des insectes, d'autres invertébrés et des oiseaux. Mais le vent et la pluie peuvent également jouer ce rôle. Le terme qualifie aussi un arbre fruitier qui en pollinise un autre.

POLLINISATION Transfert du pollen des étamines d'une fleur aux stigmates d'une autre, déclenchant le processus de fécondation, de fructification et de production de graines.

RACINES NUES Plantes arrachées et commercialisées pendant la dormance hivernale (souvent en lots de plusieurs sujets et expédiées). C'est le cas en particulier d'arbres et d'arbustes (fruitiers et espèces de haies), ainsi que de **vivaces** (asperge, rhubarbe) vendues sous forme de griffes et de rhizomes. Les plantes à racines nues coûtent moins cher que leurs équivalentes en conteneur.

RUSTIQUE Qualifie une plante supportant l'hiver dans une région donnée. En France, un sujet peut être considéré comme rustique s'il supporte – 15 °C.

SEMI-RUSTIQUE Qualifie une plante frileuse, mais supportant quelques épisodes à 0 °C.

SILLON Petite tranchée ouverte pour semer des graines.

SITUATION Orientation d'un site sous le rapport particulier des zones ensoleillées, ombragées, abritées ou exposées.

SOUS LE VENT Désigne le côté opposé au vent d'une haie, d'une clôture ou d'un mur.

SOUS-SOL Couche du sol immédiatement au-dessous de la couche **arable**. Elle est en général différente par sa couleur et sa texture, et contient moins de nutriments.

TERREAU Mélange terreux utilisé comme amendement ou pour cultiver en pot, et vendu en sac en jardinerie et en grande surface.

TÊTARD Arbre que l'on étête régulièrement pour obtenir une repousse de rameaux et de tiges, que l'on utilise comme tuteurs ou en vannerie. Voir également **cépée**.

TOPOGRAPHIE Configuration d'une zone, en particulier de ses formes physiques.

UTILITAIRE Qualifie une plante cultivée non pour la consommation ou comme **ornementale**, mais pour une autre raison – pour arrêter le vent ou tresser des paniers par exemple.

VENT DOMINANT Dans une région donnée, vent fréquent qui souffle dans une direction unique.

VER ROUGE Type de lombric (*Eisenia fetida*), en général rougeâtre, qui vit dans les matières organiques en décomposition. Il transforme rapidement les déchets en compost friable et riche en nutriments. On l'appelle également « ver tigré ».

VIVACE Plante non ligneuse vivant au moins 3 ans.

ZONAGE Division du jardin en zones, celle qui demande le plus d'entretien étant près de la maison et celle qui en demande peu ou pas du tout étant la plus éloignée.

Index

Sites utiles

www.fermedubec.com
L'École de la ferme biologique du Bec-Hellouin propose des stages de formation en permaculture.

www.monjardinenpermaculture.fr
Site d'Olivier Gruié, de l'École de permaculture de la ferme biologique du Bec-Hellouin. De manière simple et pédagogique, il explique la permaculture aux néophytes.

www.terrevivante.org/1507-permaculture.htm
Terre vivante est un centre qui propose des stages, des magazines et des livres sur l'écologie pratique, et notamment la permaculture.

https://www.rustica.fr/articles-jardin/permaculture
Articles sur la permaculture proposés par le site du magazine de jardinage *Rustica*.

www.permaculturedesign.fr
PermacultureDesign est un bureau d'études qui propose d'accompagner ceux qui veulent se lancer dans la permaculture. Il organise également des formations en ligne.

www.holmgreen.com.au
Le site de David Holmgreen, l'un des fondateurs de la permaculture. En anglais.

http://cense-equi-voc.org/
Centre belge d'enseignement, de formation et de stages (en français).

Permaculture romande
https://www.permaculture.ch/permaculture
Association suisse de formation et d'échanges (notamment de graines).

Brin de paille
http://asso.permaculture.fr/association/
Association française de promotion de la permaculture, de soutien à l'installation et aux projets et de rencontres.

Université populaire de permaculture
https://permaculturefrance.org/
Centre de formation et d'accompagnement des projets. Il assure la formation au diplôme de permaculture.

http://www.permaculteurs.com/
Réseau de pratiquants francophones de la permaculture, destiné à la formation, à l'information et aux échanges.

Remerciements

Ce livre n'aurait pas pu voir le jour sans l'aide et la coopération des personnes suivantes : Jane Gleeson, son équipe et ses étudiants de Schumacher College, à Dartington, dans le Devon, nous a permis de les photographier dans leur domaine et nous a fourni des informations et des conseils précieux. Je remercie aussi les amis et les voisins pour m'avoir permis de les photographier dans leur jardin : Ian et Wendy Hall, Frazer et Jackie Ripley, James et Ann Bond et Robert Woolley. Richard Reynolds a fourni les images du projet de guérilla jardinière à Elephant & Castle. Merci aussi à HOTBIN Composting pour les illustrations du compostage à chaud.

Les outils et le matériel ont été fournis par : Fred Foot à Rollins (produits Pedigree) ; Veronica Hannon et Emma Curwen-Reed (conteneurs et accessoires Elho) ; Jude Beharall (fertilisants et autres produits Neudorff) ; Frank P. Matthews Ltd (Rootgrow for Trees) ; Allyson Loots (articles de jardin et de maison Bosch). Thompson and Morgan a fourni le matériel pour les photographies.

Enfin, ce fut un plaisir de travailler avec Kathy Steer, éditrice, et Alice Chadwick, illustratrice, qui ont montré une compétence et une patience infinies tout au long du processus de production. Catie Ziller, directrice éditoriale, a été un support et un guide constant – qu'elle en soit remerciée.

Crédit photos

L'éditeur, pour l'autorisation de publier leurs photographies, remercie :

23 © Shutterstock : Cora Mueller ; **31 © Shutterstock :** Karel Gallas (b) ; **32 © Shutterstock :** Shebeko (h) ; szefei (ch) ; ChrisSullivan (cb) ; kavram (b) ; **36 © Shutterstock :** Nick Pecker ; **37 © Shutterstock :** Ian Murdoch (g) ; Debu55y (d) ; **39 © Shutterstock :** Luisa Fumi (g) ; **49 © Shutterstock :** Ondrej Prosicky (h) ; **76** HOTBIN Composting ; **115 © Shutterstock :** Natalia Siiatovskaia (b) ; **119 © Shutterstock :** AQ-taro-neo (c) ; **120 © Shutterstock :** Piyachok Thawornmat (hg) ; Del Boy (bg) ; **121 © Shutterstock :** Mrs-ya (hg) ; **123 © Shutterstock :** Carl Dupont (dh) ; StockPhotovideo (hd) ; **124 © Shutterstock :** Snap Happy (h) ; Dmitryp-k (b) ; **131 © Shutterstock :** Graham Corney ; **132 © Shutterstock :** gabriel12 (b) ; **139 © Shutterstock :** Agatha Koroglu (hg) ; Eteri Okrochelidze (cd) ; **140 © Shutterstock :** davemhunt photography (b) ; **149 © Shutterstock :** AlessandroZocc (hg) ; girl-think-position (cg) ; pgaborphotos (bg) ; Elena Elisseeva (bd) ; **158 © Shutterstock :** OMMB (b) ; **182 © Shutterstock :** SewCream ; **185 © Shutterstock :** Sue Martin ; **187 © Shutterstock :** Cora Mueller ; **188 © Shutterstock :** Katarzyna Mazurowska ; **190 © Shutterstock :** Janelle Lugge (h) ; Sally Wallis (b) ; **191 © Shutterstock :** Martin Fowler (h) ; Barry Blackburn (ch) ; Przemyslaw Muszynski (cb) ; CoolR (b) ; Julia Reschke (bg) ; **195 © Shutterstock :** UMB-O (hd) ; Photodigitaal.nl (bd) ; **197 © Shutterstock :** tomas devera photo (bd) **200** © Richard Reynolds (g).

Code : a – au-dessus ; b – en bas ; c – au centre ; g – à gauche ; d – à droite ; h – en haut.

Toutes les autres images : © Peter Anderson & Howard Rice

Ouvrage coréalisé en Grande-Bretagne :
Directrice éditoriale : Catie Ziller
Auteur : Andrew Mikolajski
Photographes : Peter Anderson & Howard Rice
Conception graphique et illustrations : Alice Chadwick
Éditrice : Kathy Steer

Pour la traduction française :
Traducteur : Michel Beauvais
Relecture : Odile Raoul et Irène Colas
Mise en pages : Frédéric Voisin

58 rue Jean Bleuzen
92178 Vanves Cedex

3644434/05
ISBN : 978-2-501-13031-8
Dépôt légal : Mai 2018
Achevé d'imprimer en Espagne chez Graficas Estella en juillet 2021

PAPIER À BASE DE FIBRES CERTIFIÉES

MARABOUT
s'engage pour l'environnement en réduisant l'empreinte carbone de ses livres.
Celle de cet exemplaire est de :
1900 g éq. CO_2
Rendez-vous sur www.marabout-durable.fr